LINGUA GIAPPONESE
Per Principianti

IMPARA Kanji

PERSONAGGI JLPT-N5

LIBRO DI ESERCIZI PER PRINCIPIANTI

- ☑ Padroneggia i tuoi primi Kanji, un passo alla volta
- ☑ Comprendi il Significato dei Kanji e l'Ordine dei Tratti
- ☑ Schemi per l'Ordine dei Tratti e Consigli per Scrivere

POLYSCHOLAR

www.polyscholar.com

CONTENUTI

Mancia: *Questo libro funziona al meglio con penne gel, matite, biro e strumenti simili. Fare attenzione con pennarelli e inchiostro, poiché i tratti pesanti o bagnati possono lasciare sbavature sulla carta o trasferirsi alle pagine sottostanti. Ecco alcune caselle di prova per verificare l'idoneità delle tue penne:*

LA SCIENZA DEI KANJI

A questo punto del tuo percorso di studio probabilmente avrai sentito parlare di kanji, una delle parti più scoraggianti per i nuovi studenti che iniziano il Giapponese. Padroneggiare i kanji, come qualsiasi altra parte di una lingua, richiede molto tempo e dedizione… ma questo libro è stato appositamente pensato per aiutarti ad imparare i kanji con facilità!

I kanji giapponesi (漢字) sono definiti il terzo alfabeto della lingua, ma questo è un termine un po' improprio. Come italofono alle prese con Hiragana e Katakana, probabilmente hai notato le somiglianze tra l'alfabeto italiano e queste sillabe giapponesi. Entrambi sono progettati per descrivere i suoni fonetici delle parole nelle rispettive lingue, ma il kanji è molto diverso. Importati dal sistema di scrittura cinese migliaia di anni fa, i kanji compongono, come i loro parenti cinesi, un sistema di scrittura logografico, quindi ogni carattere rappresenta un significato, piuttosto che un suono specifico. Ciò vuol dire che durante la lettura del Giapponese, alcuni caratteri kanji possono essere letti in addirittura 18 modi diversi! Non lasciarti spaventare però, poiché generalmente i kanji hanno solo due pronunce (note anche come letture): Kunyomi e Onyomi. La lettura kunyomi viene utilizzata quando il carattere rappresenta una parola nativa giapponese, utile per differenziare molte parole giapponesi dal suono simile. Dall'altro lato, la lettura onyomi si usa quando i caratteri vengono utilizzati nella stessa parola di altri kanji, solitamente prestiti dalla lingua cinese.

COME USARE QUESTO LIBRO

Come per qualsiasi altra lingua, la ripetizione è uno dei modi più veloci per imparare. Questo libro di esercizi contiene istruzioni dettagliate che ti insegneranno a scrivere ogni carattere, con spazio per esercitarti con le tue nuove conoscenze di calligrafia giapponese:

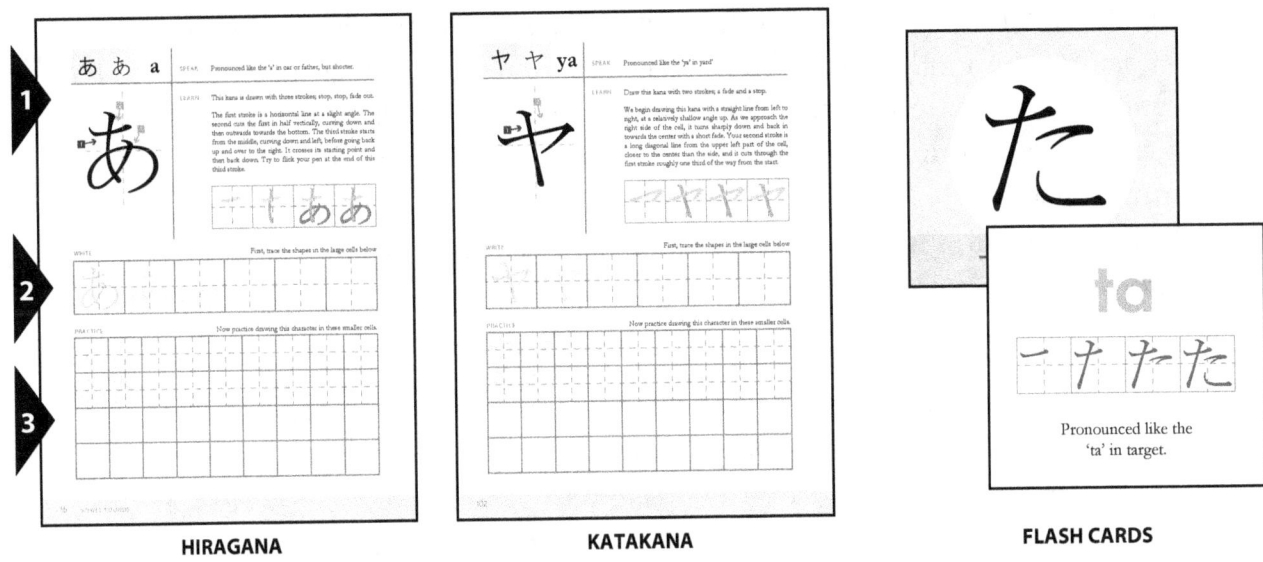

HIRAGANA **KATAKANA** **FLASH CARDS**

Verso la fine di questo libro troverai griglie aggiuntive che potrai utilizzare dopo aver imparato a scrivere alcuni (o anche tutti) Kana: queste pagine a griglia sono tradizionalmente chiamate Genkō yōshi (o 原稿用紙 in Giapponese) che significa 'carta manoscritta'.

La parte finale di questo libro di esercizi contiene un set di flashcard da fotocopiare o ritagliare. Sono un ottimo modo per aiutarti a memorizzare i simboli e per testare le tue conoscenze. Gli studenti più piccoli dovrebbero chiedere aiuto a un adulto per ritagliarle!

STORIA BREVE DEL GIAPPONESE E DEI KANJI

Il Giapponese è una delle tante lingue al mondo classificate come lingue isolate, ovvero che non hanno una lingua antenata conosciuta o altre lingue correlate, a parte le lingue Ryukyuan parlate nelle isole a sud della terraferma. Ciò significa che, mentre ad esempio l'Inglese e il Tedesco sono "geneticamente correlate", in quanto entrambe provengono da una lingua madre definita proto-germanica, e condividono molte parole e una grammatica simile, il Giapponese non ha genitori o fratelli conosciuti. Tuttavia, già nel V secolo, il Giappone iniziò a importare caratteri cinesi attraverso la penisola coreana, e iniziò a utilizzare il sistema di scrittura cinese per testi e documenti sul proprio territorio. Questo stile di scrittura, chiamato Kanbun, era composto unicamente di caratteri, grammatica e sintassi del Cinese, ma pronunciato con un mix di lettura cinese e giapponese. Ti sembra confusionario? Lo era!

Il Kanbun è stato classificato da alcuni studiosi come una lingua creola completamente diversa, poiché all'epoca era incomprensibile per il cittadino medio cinese o giapponese. Ad ogni modo, divenne molto popolare tra le élite e le classi nobili, e la maggior parte delle opere intellettuali e ufficiali dal IX al XX secolo furono scritte in questo stile. Infatti, Hiragana e Katakana furono sviluppati in seguito, da donne delle corti nobiliari a cui era preclusa la rigorosa educazione necessaria per scrivere in questo ibrido cinese-giapponese. Utilizzarono solo un piccolo numero di caratteri cinesi per il loro suono, per rappresentare il giapponese, e il modo corsivo di scrivere questi caratteri si è semplificato nel tempo fino all'Hiragana che conosciamo oggi. Mentre molte classi d'élite preferivano scrivere nello stile Kanbun, l'Hiragana divenne sempre più popolare nelle classi non agiate per la sua facilità di apprendimento. Nel corso del tempo i sillabari e l'uso dei kanji si sono fusi insieme nella scrittura giapponese che conosciamo oggi. Essa utilizza un mix di tutti e tre sia nella scrittura di tutti i giorni che nei testi ufficiali.

CI SONO... QUANTI KANJI?!?!?

Dopo secoli di importazione di questi caratteri in Giappone, ad oggi ci sono tantissimi kanji... secondo alcune stime oltre 50.000! Tuttavia, la stragrande maggioranza di questi non è standard o non è più in uso, e non la si troverà al di fuori dei testi scritti in Giapponese classico. Pensa che il test attitudinale sui kanji più rigoroso in Giappone, per storici e traduttori, si basa su appena 6.000 caratteri, con i jōyō kanji (letteralmente "caratteri cinesi di uso quotidiano") a rappresentare i 2.136 caratteri standard, necessari per essere considerati fluenti nella lingua. I jōyō kanji sono quelli che vengono insegnati ai bambini giapponesi dalla prima elementare fino alla fine del liceo, quindi il materiale didattico rivolto ad essi è abbondante.

DA DOVE INIZIARE

Ma come fanno questi giovani studenti a imparare tutti quei caratteri? Più o meno nel tuo stesso modo, attraverso la ripetizione, la pratica, la conoscenza e l'uso di kanji in situazioni di vita reale. Molti dei primi caratteri che imparerai sono pittografici, nel senso che rappresentano visivamente il significato ad essi associato. Ad esempio, il carattere dell'albero, 木 (ki), ricorda un albero con il tronco centrale e i diversi rami. Il carattere del fiume, 川 (kawa), sembra un corso d'acqua che scorre veloce. Questi kanji pittografici costituiscono solo una piccola parte dei caratteri totali usati nel giapponese moderno, ma sono un buon punto di ingresso per gli studenti che non conoscono le lingue logografiche. Questo è vantaggioso anche perché molti dei primi kanji pittografici vengono messi insieme per creare nuovi kanji, quindi di molti caratteri avrai già un'idea del loro significato o suono.

Man mano che i caratteri iniziano a diventare più complessi, molti studenti usano la mnemonica per ricordarsi il significato dei kanji più avanzati, i quali sono spesso composti da 2 o più parti, chiamate radicali. Ad esempio, un sistema mnemonico per il carattere 町 (città, machi) è ricordare che si tratta di una risaia (田) accanto a una strada (丁), due cose che si troveranno al 100% nelle piccole città giapponesi.

Poiché la maggior parte delle persone impara i kanji in un ordine simile agli studenti delle scuole elementari giapponesi, leggere libri per bambini può essere un ottimo modo per esercitarsi, non appena hai una solida base di caratteri. Una volta che questi diventano più facili, puoi provare un libro più impegnativo o un'altra opzione popolare, il manga. Come probabilmente già saprai, i manga sono fumetti giapponesi che negli ultimi anni sono diventati estremamente popolari in tutto il mondo. I manga sono un'ottima opzione per le persone che cercano di iniziare a leggere in giapponese perché le illustrazioni aiutano molto a comprendere il testo. Se sai già leggere i caratteri, allora il disegno funge da buona visualizzazione delle parole per ricordarle meglio. D'altra parte, anche se non riesci a capire tutte le parole, quelle che comprendi insieme al contesto delle illustrazioni rendono molto più probabile la comprensione di nuove parole e caratteri, senza dover cercare aiuto esterno.

IMPARARE ITE KANJI (O NO)

Quindi, leggendo fino a qui, potresti pensare:"Beh, se ho intenzione di parlare e ascoltare in Giapponese, mi basta imparare l'Hiragana e il Katakana. Posso scrivere tutto con quei caratteri e quindi non ho bisogno di imparare a scrivere in kanji.

In un certo senso, questo è vero. In teoria potresti diventare fluente nel Giapponese parlato senza imparare un solo carattere kanji, e scrivere il prossimo grande romanzo giapponese interamente in Hiragana. Quelli che lo leggono avrebbero difficoltà a distinguere tra le parole (la scrittura giapponese non ha spazi) e probabilmente dovrebbero scandire la maggior parte delle parole individualmente per capirle, poiché sono troppo abituati a leggere con i kanji. Ma è fattibile. Tuttavia, se in Giappone vorrai essere in grado di comprendere segnali e indicazioni, se vorrai scrivere qualcosa di facile comprensione, o se mai vorrai leggere una singola frase nella loro lingua, dovrai iniziare a studiare.

LEGGERE (COME METODO PER IMPARARE I KANJI)

Potresti sentire da alcuni puristi dell'apprendimento del Giapponese che, come il metodo di immersione per imparare la lingua parlata, invece dei programmi di studio è bene spendere il tuo tempo a leggere giornali cercando il significato di ogni parola, finché non inizi a comprenderle. Sebbene ciò sia teoricamente possibile una volta che hai una conoscenza di base della grammatica e dei 2 sillabari, per la maggior parte questo finirà col renderti frustrato e ti farà venire i crampi alle dita per aver cercato così tanti kanji a mano. Come ho detto sopra, la semplice lettura è il modo migliore per imparare a leggere il Giapponese, ma solo dopo che hai abbastanza basi nella lingua, così da dover cercare solo un paio di parole per ogni riga. Ci saranno studenti di Giapponesi che fanno eccezione, che sono abbastanza pronti e dedicati da provare a leggere ripetutamente i giornali giorno dopo giorno, e sono sicuro che otterranno grandi risultati con il giusto tempo… ma per la maggior parte, consiglio di aspettare almeno un paio di mesi prima di immergersi in contenuti più da adulti.

IN CHE ORDINE IMPARARE I KANJI

La maggior parte delle classi, app e libri di kanji presenteranno i caratteri in uno dei 4 ordini principali, ciascuno ampiamente sovrapposto l'uno all'altro. I caratteri in questi libri saranno spesso ordinati in base a come i kanji vengono insegnati ai bambini nelle scuole elementari giapponesi, dalle parole che costituiscono i gesti quotidiani e la conversazione (persone, suoni, mano, casa, bambino, mangiare, bere, vivere, ecc...) a parole più astratte e non comuni man mano che i bambini crescono. Alcuni libri di esercizi adotteranno un approccio più statistico e insegneranno i caratteri dei kanji dai più comuni a quelli più rari. Allo stesso modo, alcuni sono in ordine dai kanji più semplici (一, ichi, che significa 1) ad alcuni dei caratteri più complessi per numero di tratti (in pratica, il numero di volte in cui la penna esegue un nuovo tratto quando si scrive il carattere), oltre i 20.

Naturalmente, molti materiali di studio come questo libro basano la lista di kanji sul Japanese Language Proficiency Test, la misura standardizzata a livello mondiale dell'abilità nella lingua di un non madrelingua. Sebbene l'organizzazione JLPT non rilasci liste ufficiali di quali caratteri saranno o meno nei loro test, dopo molti anni gli istruttori hanno elaborato una linea guida accurata per i caratteri che possono trovarsi a un dato livello del JLPT, da N5 (competenza di base) a N1 (competenza di livello nativo o pari madrelingua). Sebbene tutti questi metodi di ordinamento differiscano leggermente, come affermato in precedenza, per la maggior parte sono tutti ordinati dai kanji più elementari (nel significato e nel numero dei tratti) a quelli più avanzati.

COSA SONO I RADICALI?

I radicali sono il termine per i mattoncini indivisibili dei kanji, i piccoli gruppi di tratti che vengono messi insieme in modo diverso per comporre ogni carattere. Ad esempio, il carattere 魑, che significa "demoni di montagna", a prima vista sembra troppo complicato per scriverlo da solo e richiede un totale di 20 tratti, un kanji spaventosamente denso anche per i madrelingua. Tuttavia, se lo vedi come un raggruppamento di radicali standardizzati, una serie di semplici componenti più piccoli (田, 儿, 厶, 亠, 凵 e 内) messi insieme, diventa molto più semplice da concettualizzare. Con alcuni di quegli stessi componenti, possiamo creare il kanji 充 ("abbastanza"), un carattere con le stesse parti costitutive ma un significato completamente diverso.

IMPARARE I KANJI DAI RADICALI

Come metodo più avanzato di apprendimento e memorizzazione dei kanji, alcuni libri di esercizi insegnano i kanji in base alle loro componenti di significato, una classe speciale di radicali. Le componenti del significato sono la componente del kanji che si trova (di solito) sul lato sinistro del carattere e che dà un suggerimento sul significato del kanji. Man mano che impari più kanji, potresti iniziare a vedere uno schema, ad esempio che i caratteri per 汁, 沖, 沈 e 渚 condividono tutti quei tre piccoli punti sul lato sinistro. Questo perché quei tre punti hanno lo scopo di rappresentare le gocce d'acqua che scendono verso il basso e ciascuno dei significati di questi caratteri (brodo, mare aperto, affondare e costa, rispettivamente) ha qualcosa a che fare con l'acqua o la liquidità in senso più astratto. Questi radicali, che sono tradizionalmente 214, rappresentano il modo in cui i caratteri vengono ordinati in un dizionario kanji e possono essere indizi molto utili sul significato di un carattere, soprattutto se conosci già l'altro carattere di una parola in cui si trova.

Altri radicali comuni usati come componenti, che incontrerai presto nel tuo viaggio nel Giapponese sono 月 ("luna"), 火 ("fuoco"), 木 ("legno"), 金 ("metallo") e 土 ("terra"), tutti nomi che rappresentano anche i giorni della settimana. Alcuni radicali, come 月 (tsuki, luna), significano qualcosa di completamente diverso se usati come radicali all'interno di un kanji. Nel caso di 月 questo è perché quando è usato come radicale è una versione semplificata di 肉 (niku, carne) e indica che il significato ha qualcosa a che fare con la carne. Tuttavia, una volta che avrai appreso queste particolarità e almeno 50 significati dei radicali(cosa che accadrà molto prima di quanto pensi), avrai un indizio gratuito sulla stragrande maggioranza dei nuovi kanji che ti ritroverai davanti!

FONEMI

Mentre i componenti del significato sono in genere sul lato sinistro di un kanji, sul lato destro è presente il componente sonoro. La maggior parte dei kanji ha un radicale che allude al significato e un fonema che ne identifica il suono, oltre a differenziare il carattere dagli altri con lo stesso significato. Nota che la componente sonora dà solo un suggerimento sulla lettura presa in prestito dal Cinese, l'Onyomi, e non alla lettura nativa giapponese del carattere (nota anche come Kunyomi), ammesso che ne abbia una.

Ad esempio, una componente sonora comune da ricordare deriva dal carattere 方 (che significa "direzione/lato", in onyomi si legge hou). Questo carattere allude al suono di ciascuno di questi caratteri: 肪 (bou), 枋 (hou), 彷 (hou), 訪 (hou), 防 (bou) e molti altri. Come puoi vedere da quelli che vengono letti come bou, questo non è un sistema perfetto, ma il più delle volte, se l'Onyomi non è lo stesso del carattere da cui deriva la componente sonora, avrà almeno la consonante o il suono vocale in comune.

CAMBIAMENTI DI SUONO NEL PASSAGGIO DA CINESE A GIAPPONESE

Come già affermato, Cinese e Giapponese non sono lingue geneticamente correlate (cioè non provengono da una lingua antenata comune). Tuttavia, in modo simile all'Inglese e al Francese, i migliaia di anni di scambio culturale tra le due civiltà fanno sì che molte parole in Cinese e Giapponese, in particolare parole che descrivono concetti e processi più complessi, suonino abbastanza simili.

Ad esempio, nel Cinese mandarino moderno la parola per montagna è pronunciata shān e scritta 山. Allo stesso modo, in Giapponese, 山 è letto come "yama" nella pronuncia nativa giapponese, ma letto come "san", molto simile al Cinese, quando è attaccato alla fine del nome di una montagna, come se dicessimo "Mt. _____" in Italiano. Quindi, se volessimo scrivere "Monte Helena" in Giapponese, sarebbe "ヘレナ山", letto come "herena-san". Scambi come questi sono molto comuni in Giapponese e chiunque abbia una conoscenza anche superficiale del Cinese troverà un enorme vantaggio nello studio del Giapponese, e viceversa.

LETTURE KANJI: KUN'YOMI E ON'YOMI

Come affermato in precedenza, ogni carattere kanji giapponese ha almeno una lettura, ma la maggior parte ha 2 o più modi in cui vengono pronunciati quando vengono letti, sono noti come lettura kun'yomi e lettura on'yomi. Il kun'yomi viene utilizzato quando si scrivono parole native giapponesi usando caratteri cinesi, usando la pronuncia giapponese nativa. Dall'altro lato, l'on'yomi è la pronuncia che il carattere aveva originariamente in Cinese, con alterazioni per riscontrare l'insieme dei fonemi (tutti i suoni che compongono la lingua) giapponesi. Per questo motivo, l'on'yomi è usato più spesso quando il kanji viene messo accanto a un altro kanji nella stessa parola, poiché l'intera parola era probabilmente presa in prestito da una parola cinese.

In questo modo, potresti pensare a un kanji come avente (di solito) una lettura, l'on'yomi, che significa anche "lettura sonora", mentre il kun'yomi, che all'incirca significa "lettura che significa" intende rappresentare un parola nativa giapponese come una sorta di scorciatoia visiva.

Come probabilmente puoi immaginare, quale di queste letture usare quando si legge ad alta voce è una delle parti più difficili da comprendere per gli studenti di Giapponese, ed è una di quelle cose che richiede semplicemente tempo per ricordare la lettura per ogni frase o contesto in cui si trova un carattere. Tuttavia, ci sono alcune regole generali su quando usare l'una o l'altra. Come accennato in precedenza, se due kanji sono insieme nella stessa parola c'è un'alta probabilità che entrambi i caratteri vengano letti con il loro on'yomi. Se il kanji è da solo, o vicino all'hiragana, probabilmente verrà letto con il suo kun'yomi. Come modo semplice per ricordarlo, nota che quando il kanji è accanto a caratteri presi in prestito dal Cinese (cioè altri kanji), utilizzerà la lettura cinese presa in prestito, ma quando il kanji è accanto a caratteri giapponesi nativi (cioè hiragana) userà la pronuncia nativa giapponese. Inoltre, i nomi giapponesi di persone e luoghi useranno quasi sempre il kun'yomi. Naturalmente, come con qualsiasi regola linguistica, queste regole hanno molte eccezioni che richiederanno purtroppo molti tentativi ed errori per essere memorizzate. Alcune parole usano anche lo stesso carattere ma significano cose diverse a seconda che tu usi l'on'yomi o il kun'yomi! Ma con il tempo tutto comincerà ad avere un senso, e le regole di base che ho esposto ti porteranno in trionfo verso la maggior parte delle parole che incontrerai.

ORDINE DEI TRATTI

Quando si scrive kanji, ogni carattere ha un metodo specifico e "corretto" per essere scritto. Questo è noto come l'ordine dei tratti. Non preoccuparti troppo, ci sono alcune semplici regole da seguire che ti aiuteranno coi kanji usati nella vita di tutti i giorni e non solo, e possono persino aiutarti a ricordare kanji che altrimenti dimenticheresti. Ricordi i radicali di prima? Questi piccoli tasselli sono davvero importanti per comprendere l'ordine dei tratti senza troppe difficoltà. In poche parole, ogni radicale è scritto in un ordine specifico, che è (quasi) sempre da sinistra a destra e dall'alto verso il basso. Allo stesso modo, i kanji sono scritti radicale per radicale, da sinistra a destra e dall'alto verso il basso. Ricordando la precedente spiegazione delle componenti del significato e del suono, questo significa che scriverai prima la componente del significato, che si trova a sinistra, quindi la componente sonora, che di solito è a destra. Seguendo quello che è ormai il mio slogan, ci sono delle eccezioni alla regola, come la componente di significato ⻌ ("strada" o "avanzare"), che di solito è l'ultimo radicale da scrivere in un kanji, ma queste regole ti aiuteranno a cavartela con circa il 90% dei caratteri senza problemi.

Quindi, come il modo in cui ricordare i radicali ti aiuterà a leggere e capire i kanji, così l'ordine dei tratti ti aiuterà a ricordare come scrivere i kanji. Quest'ultimo ti consente di vedere non un pasticcio confuso di linee e trattini, ma un simbolo con un metodo standard e coerente di essere scritto, che ti permetterà di imparare come altri hanno fatto prima di te. L'ordine corretto dei tratti è una parte importante anche dell'avere una buona calligrafia, poiché è molto difficile mantenere il giusto equilibrio e le giuste dimensioni di ogni tratto se stai scrivendo a casaccio, nell'ordine che preferisci. E, nell'era moderna, l'ordine dei tratti è molto importante quando si disegna un carattere su un touchscreen, ad esempio per cercare la lettura di un kanji in un libro. Per alcune cose menzionate in precedenza, come la componente di significato che spesso viene scritta per prima, i computer si basano sul tratto per riconoscere il carattere che stai digitando. Scrivere con un ordine dei tratti errato rende molto meno probabile che il processore riconosca il carattere che stai cercando, quindi è importante essere ancora più consapevoli quando si studia su uno smartphone.

PUNTI E TRATTINI: SCRIVERE KANJI PER TE STESSO

E questo è tutto. La storia completa e una guida all'apprendimento di questa parte impegnativa ma bellissima del Giapponese. Se hai letto fino a qui, allora hai già una notevole conoscenza dei molti incastri che compongono la forma, il suono e il significato di ogni carattere, quindi resta un'unica domanda:"Come faccio a scriverli da solo?"

Naturalmente, padroneggiare l'arte della calligrafia giapponese è per alcuni un viaggio che dura tutta la vita, e proprio come i maestri calligrafi, non acquisirai una scrittura perfetta dall'oggi al domani. Tuttavia, queste linee guida e principi di base ti aiuteranno a realizzare caratteri equilibrati e belli da vedere!

Come in altri sistemi di scrittura, tanti kanji sono molto simili tra loro e il loro significato può cambiare completamente in base a piccole differenze. Ad esempio, hai mai notato quanto siano simili una "f" minuscola e una "t" minuscola? Come in Italiano, piuttosto che nella dimensione assoluta, queste differenze sono riconosciute nelle lunghezze relative dei tratti rispetto ad altri all'interno del carattere stesso. Ad esempio, due kanji che incontrerai piuttosto presto nel tuo studio, 土 (DO, "terra") e 士 (SHI, "guerriero") sono differenziati solo dalla lunghezza di una delle due righe, come puoi vedere. Questo è anche il caso di 未 (MI, "non ancora") e 末 (MATSU, "fine"), altri due caratteri comuni. Fortunatamente, i concetti rappresentati da questi kanji sono tutti abbastanza diversi, da confondere solo raramente se li scrivi in modo sbagliato; ma tenere traccia delle lunghezze di ogni tratto in relazione agli altri, in ogni carattere che incontri, è un rapido modo per iniziare a scrivere kanji più equilibrati e precisi.

Allo stesso modo, lasciare spazio libero in alcuni caratteri piuttosto che mettere tutto insieme è importante per una scrittura ordinata e leggibile. Ad esempio, 八, il carattere di 8, comincerebbe rapidamente ad assomigliare a 入 (hai-ru, "entrare") senza quello spazio nel mezzo che separa i tratti.

Questi ultimi suggerimenti riguardano meno la scrittura accidentale del carattere sbagliato e più la scrittura dei caratteri, poiché sono scritti tradizionalmente in modo che la tua calligrafia non sembri innaturale. Quando scrivi, presta sempre attenzione a quali tratti si incrociano e a come si intersecano. Quando due tratti si toccano, o si intersecano e un tratto fuoriesce dall'altra linea, oppure formano una T senza che nulla sporga.

Lorem ipsum

Ad esempio, il carattere 止 (to-meru, "stop") ha tutte le sue linee che corrono l'una contro l'altra, ma nessuna continua oltre la linea che tocca. Confronta questo con il carattere 生 (SEI, "vita"), che ha molti tratti che si intersecano. D'altra parte, per i tratti che non si intersecano, quando si raggiunge la fine di un tratto, ci sono 3 modi principali per finirlo. C'è il punto fermo, in cui la penna o il pennello si fermano completamente alla fine della linea. Guardando indietro a 止, possiamo vedere che ogni singolo tratto termina con un punto fermo. Questo è in contrasto con la linea del pennello, che sostanzialmente svanisce quando applichi meno pressione sulla lunghezza del tratto. I caratteri con linee diagonali verso il basso come 大, 人, 木, 本, ecc. usano tutti questa linea. L'ultimo dei modi con cui si terminano i tratti è con una curva o un gancio. I ganci sono più o meno autoesplicativi, a volte quando finisce un tratto, si crea un gancio verso il basso o verso l'alto, ad un angolo quasi retto rispetto alla linea originale. Questo gancio è molto accentuato nei kanji con il radicale "alabarda", come 戈, 式, o 代, come puoi vedere, ma è presente anche nella parte destra del 'cappello' in 学 (GAKU, "imparare").

Le linee curve si vedono più spesso in coppia nella parte inferiore dei caratteri, andando in entrambe le direzioni. Alcuni esempi potrebbero essere 兵, 穴 e 典. Nella scrittura a mano, la curva a sinistra sarà spesso più corta e diritta, mentre la curva a destra sarà meno angolare e impiegherà più tempo a sfumare dalla pagina. Una variante comune di questo modello a due curve in basso ha un gancio all'estremità, come in 見 o 兄.

Ora puoi affrontare con sicurezza lo studio dei kanji con un grande vantaggio nelle regole e nelle tradizioni del sistema di scrittura. La conoscenza dei radicali e dei mnemonici dà una spinta alla memorizzazione, le componenti del suono a volte ti forniscono una scorciatoia se sai come viene pronunciata la componente sonora, e la tua conoscenza dell'ordine dei tratti e delle linee guida di scrittura ti permetterà di imparare e scrivere bellissimi caratteri fin dall'inizio. Buona fortuna e 頑張りましょう (fai del tuo meglio)!

Parte 2

TABELLE
HIRAGANA
E
KATAKANA

Questo schema mostra i 46 Hiragana di base con un'ortografia in Romaji, per un suono fonetico simile. I suoni vocalici sono in alto e le loro controparti consonantiche si trovano più in basso. **attento all'eccezione 'n'** - inoltre, *wo è un kana non comune.

Suoni Vocalici

	a	i	u	e	o
	あ a	い i	う u	え e	お o
k	か ka	き ki	く ku	け ke	こ ko
s	さ sa	し shi	す su	せ se	そ so
t	た ta	ち chi	つ tsu	て te	と to
n	な na	に ni	ぬ nu	ね ne	の no
h	は ha	ひ hi	ふ fu	へ he	ほ ho
m	ま ma	み mi	む mu	め me	も mo
y	や ya		ゆ yu		よ yo
r	ら ra	り ri	る ru	れ re	ろ ro
w	わ wa		ん **n		を *wo

Consonanti

DIACRITICI

Oltre all'Hiragana di base, ci sono 25 simboli diacritici. Questi sono per sillabe dal suono simile, ma che sono pronunciate in modo diverso. Sono essenzialmente gli stessi simboli di base ma con segni extra per mostrare una pronuncia dal suono leggermente alterato:

Base · con Dakuten · con Handakuten

L'Hiragana di base, con questi piccoli tratti (Dakuten) o un cerchio (Handakuten) sopra di esso, mostra che la parte consonante del suono deve essere modificata quando viene pronunciata:

> i suoni-**k** sono pronunciati con un suono-**g**.
> i suoni-**s** cambiano in un suono-**z** (tranne し).
> • i suoni-**t** diventano suoni-**d**.
> • i suoni-**h** diventano suoni-**b** con i *Dakuten*.
> • ...oppure suoni-**p** con *gli Handakuten*.
> •

	a	i	u	e	o
k ▶ g	が ga	ぎ gi	ぐ gu	げ ge	ご go
s ▶ z	ざ za	じ ji	ず zu	ぜ ze	ぞ zo
t ▶ d	だ da	ぢ dzi (ji)	づ dzu	で de	ど do
h ▶ b	ば ba	び bi	ぶ bu	べ be	ぼ bo
h ▶ p	ぱ pa	ぴ pi	ぷ pu	ぺ pe	ぽ po

DIGRAFI

Questo insieme di simboli è chiamato **Digrafi** - usando due caratteri di base che abbiamo già visto, essi mostrano dove due suoni di sillabe vengono combinati per crearne uno nuovo:

$$き + や = きゃ$$
$$(ki) \quad (ya) \quad (kya)$$

Quando si scrivono queste lettere, è fondamentale che il secondo simbolo sia disegnato notevolmente più piccolo del primo. Questo è il modo in cui possiamo capire che i due suoni devono essere combinati.

La pronuncia di questi cosiddetti suoni Hiragana composti è abbastanza semplice - per esempio, き (ki) + や (ya) diventa きゃ (kya) e lo pronunciamo come 'kiya' senza il suono della 'i'.

Non lasciarti spaventare dal grafico qui sotto: tutti i Digrafi sono realizzati esclusivamente con le lettere della colonna い/i (escluso sé stesso) e sono modificati solo dalle lettere della riga Y!

きゃ	きゅ	きょ		ぎゃ	ぎゅ	ぎょ
kya	kyu	kyo		gya	gyu	gyo
しゃ	しゅ	しょ		じゃ	じゅ	じょ
sha	shu	sho		ja	ju	jo
ちゃ	ちゅ	ちょ		にゃ	にゅ	にょ
cha	chu	cho		nya	nyu	nyo
ひゃ	ひゅ	ひょ		びゃ	びゅ	びょ
hya	hyu	hyo		bya	byu	byo
ぴゃ	ぴゅ	ぴょ		りゃ	りゅ	りょ
pya	pyu	pyo		rya	ryu	ryo
みゃ	みゅ	みょ				
mya	myu	myo				

CONSONANTI DOPPIE

Dobbiamo anche essere consapevoli del fatto che alcune parole giapponesi contengono una doppia consonante. Quando scriviamo queste parole, aggiungiamo un simbolo in più sotto forma di un piccolo つ/tsu (chiamato sokuon) per mostrare che devono essere pronunciate in modo diverso. Ecco un esempio:

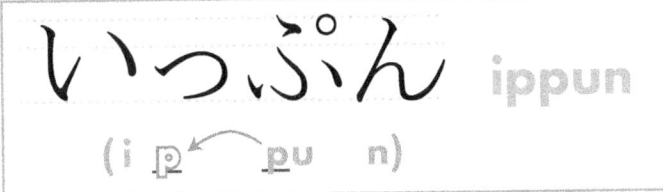

Senza il piccolo つ (tsu), la parola いぷん (ipun) non ha alcun significato ma いっぷん (ippun), con il sokuon, significa (a) minuto.

Nota che la piccola つ è posta prima del carattere da cui prende la consonante extra. Quando vedi parole con questo modificatore, la parte consonantica del simbolo che la segue (*in questo esempio, la 'p' da 'pu'*) viene aggiunta alla fine del suono prima di essa.

Entrambe le consonanti devono essere ascoltate separatamente quando la parola viene pronunciata, come dire "ip-pun" ma senza lasciare uno vuoto percepibile.

SUONI VOCALICI LUNGHI

Proprio come ci sono suoni di consonante doppia, dobbiamo essere consapevoli dei suoni vocalici allungati (ad es. aa, ii. oo, ee e uu). Quando si parla, si estende semplicemente la durata del suono (di solito doppia) ma, scrivendo queste parole, il suono della vocale lunga viene mostrato con un carattere aggiuntivo (chiamato choon). Il carattere utilizzato varia a seconda della vocale:

Vowel	Extender
a	あ
i / e	い
u / o	う

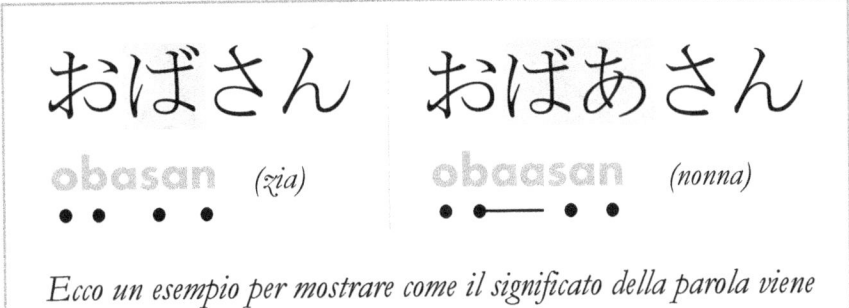

Ecco un esempio per mostrare come il significato della parola viene modificato aggiungendo (o sottraendo) il suono vocalico più lungo!

La lingua giapponese è piena di eccezioni, ma tendono ad essere apprese con l'esperienza. È utile essere già consapevoli delle consonanti e vocali doppie, così potrai assimilarle quando ne incontri una!

Questo grafico mostra i 46 Katakana di base con un'ortografia in Romaji per un suono fonetico simile. I suoni vocalici sono in alto e le loro controparti consonantiche si trovano più in basso. **attento all'eccezione 'n' - inoltre, *wo è un kana non comune.*

Suoni Vocalici

	a	i	u	e	o
	ア a	イ i	ウ u	エ e	オ o
k	カ ka	キ ki	ク ku	ケ ke	コ ko
s	サ sa	シ shi	ス su	セ se	ソ so
t	タ ta	チ chi	ツ tsu	テ te	ト to
n	ナ na	ニ ni	ヌ nu	ネ ne	ノ no
h	ハ ha	ヒ hi	フ fu	ヘ he	ホ ho
m	マ ma	ミ mi	ム mu	メ me	モ mo
y	ヤ ya		ユ yu		ヨ yo
r	ラ ra	リ ri	ル ru	レ re	ロ ro
w	ワ wa		ン **n		ヲ *wo

Consonanti

DIACRITICI

Proprio come con **l'Hiragana**, ci sono 25 simboli diacritici nel **Katakana**. Sono usati allo stesso modo, per mostrare quando sillabe dal suono simile devono essere espresse in modo diverso. Ancora più convenientemente, i segni per mostrare questo cambiamento nel suono sono identici:

Basic	*with Dakuten*	*with Handakuten*

Le regole per i simboli diacritici Katakana funzionano allo stesso modo. Dakuten e Handakuten ci mostrano che la parte consonante del suono deve essere alterata quando viene pronunciata:

- i suoni-**k** sono pronunciati con un suono-**g**.
- i suoni-**s** cambiano in un suono-**z** (tranne シ).
- i suoni-**t** diventano suoni-**d**.
- i suoni-**h** diventano suoni-**b** con i Dakuten..
  ...oppure suoni-**p** con gli *Handakuten*.

	a	**i**	**u**	**e**	**o**
k ▶ g	ガ *ga*	ギ *gi*	グ *gu*	ゲ *ge*	ゴ *go*
s ▶ z	ザ *za*	ジ *ji*	ズ *zu*	ゼ *ze*	ゾ *zo*
t ▶ d	ダ *da*	ヂ *dzi (ji)*	ヅ *dzu*	デ *de*	ド *do*
h ▶ b	バ *ba*	ビ *bi*	ブ *bu*	ベ *be*	ボ *bo*
h ▶ p	パ *pa*	ピ *pi*	プ *pu*	ペ *pe*	ポ *po*

DIAGRAMMI

Ecco i Digrafi anche per il Katakana: ancora una volta, utilizziamo due caratteri di base per mostrare dove due suoni sillabici vengono combinati per crearne un altro. Facile, vero?

$$キ + ヤ = キャ$$

(ki)　(ya)　(kya)

I caratteri utilizzati hanno gli stessi suoni dei due Hiragana corrispondenti. L'importanza di scrivere il secondo simbolo più piccolo del primo vale ancora.

La pronuncia di questi cosiddetti suoni composti Katakana è altrettanto semplice - per esempio, キ (ki) + ヤ (ya) diventa キャ (kya) e lo pronunciamo come 'kiya' senza il suono della 'i'.

Questa tabella sembra complessa, ma ricorda che i Digrafi sono realizzati esclusivamente con le lettere della colonna イ /i (escluso sé stesso) e modificati dalle lettere della riga Y!

キャ	キュ	キョ		ギャ	ギュ	ギョ
kya	kyu	kyo		gya	gyu	gyo
シャ	シュ	ショ		ジャ	ジュ	ジョ
sha	shu	sho		ja	ju	jo
チャ	チュ	チョ		ニャ	ニュ	ニョ
cha	chu	cho		nya	nyu	nyo
ニャ	ヒュ	ヒョ		ビャ	ビュ	ビョ
hya	hyu	hyo		bya	byu	byo
ピャ	ピュ	ピョ		リャ	リュ	リョ
pya	pyu	pyo		rya	ryu	ryo
ミャ	ミュ	ミョ				
mya	myu	myo				

CONSONANTI DOPPIE

Anche le parole giapponesi con i Katakana possono contenere una consonante doppia. Anche queste parole presentano il piccolo ツ / tsu (chiamato sokuon) per mostrare che dovrebbe essere pronunciato in modo diverso. Diamo un'occhiata a un altro esempio per il Katakana:

ペット

petto

(pe t — to)

Senza il piccolo ツ (tsu), la parola ペト (peto) non ha alcun significato ma ペット (petto), con il sokuon, significa animale domestico - come un criceto o un gatto!

Nota che la piccola ツ è posta prima del carattere da cui prende la consonante extra. Quando vedi parole con questo modificatore, la parte consonantica del simbolo che la segue (in questo esempio, la 't' da 'a') viene aggiunta alla fine del suono prima di essa.

Entrambe le consonanti devono essere ascoltate separatamente quando la parola viene pronunciata, come dire "pet-to" ma senza lasciare un vuoto percepibile.

SUONI VOCALICI LUNGHI

Anche qui dobbiamo essere consapevoli dei suoni vocalici allungati (ad es. aa, ii. oo, ee e uu). Quando viene pronunciata, la durata del suono viene estesa (di solito raddoppia), ma quando viene scritta in Katakana usiamo una linea ー (chiamata 伸ばし棒, che letteralmente significa 'barra di allungamento').

Questo è un modo in cui il Katakana differisce dall'Hiragana, a parte le forme, poiché utilizza un simbolo vocale aggiuntivo per denotare un suono vocalico più lungo. Diamo un'occhiata ad alcuni esempi:

フ + リ = フリー　　ケ + キ = ケーキ

(fu) (ri)—　fu-rii _(gratuito)_　(ke)— (ki)　kee-ki _(torta)_

Vale la pena notare che la "barra di allungamento" viene ruotata in una linea verticale quando il testo viene scritto in verticale.

Parte 3

ORDINE DEI TRATTI
SCHEMI

KANJI #	RADICALE	TRATTI	SIGNIFICATO	UNICODE
0012	日	4	**giorno, sole, Giappone, contatore di giorni**	**65E5**

日

ONYOMI

ニチ、ジツ
nichi, jitsu

KUNYOMI

ひ、-び、-か
hi, -bi, -ka

VOCABOLARIO

毎日(まいにち)	**ogni giorno**	明日(あした)	**domani**
今日 (きょう)	**oggi**	休日 （きゅうじつ）	**giorno libero**
昨日(きのう)	**eri**	日曜日(にちようび)	**Domenica**

ORDINE DEI TRATTI

Come viene disegnato questo Kanji

PRATICA

Traccia e pratica il Kanji qui sotto

STILI

日 日 日 日 日 日 日 日

ONYOMI

イチ

ichi

KUNYOMI

ひと(つ)

hito(tsu)

VOCABOLARIO

一〇〇 (ひゃく)	**Cento**	一番 (いちばん)	**Primo posto**
一人(ひとり)	**Una persona**	一度(いちど)	**Una volta**
一緒に(いっしょ)	**Insieme (a)**		

ORDINE DEI TRATTI

Come viene disegnato questo Kanji

PRATICA

Traccia e pratica il Kanji qui sotto

STILI

KANJI #	RADICALE	TRATTI	SIGNIFICATO	UNICODE
0624	囗	8	**Paese**	**56FD**

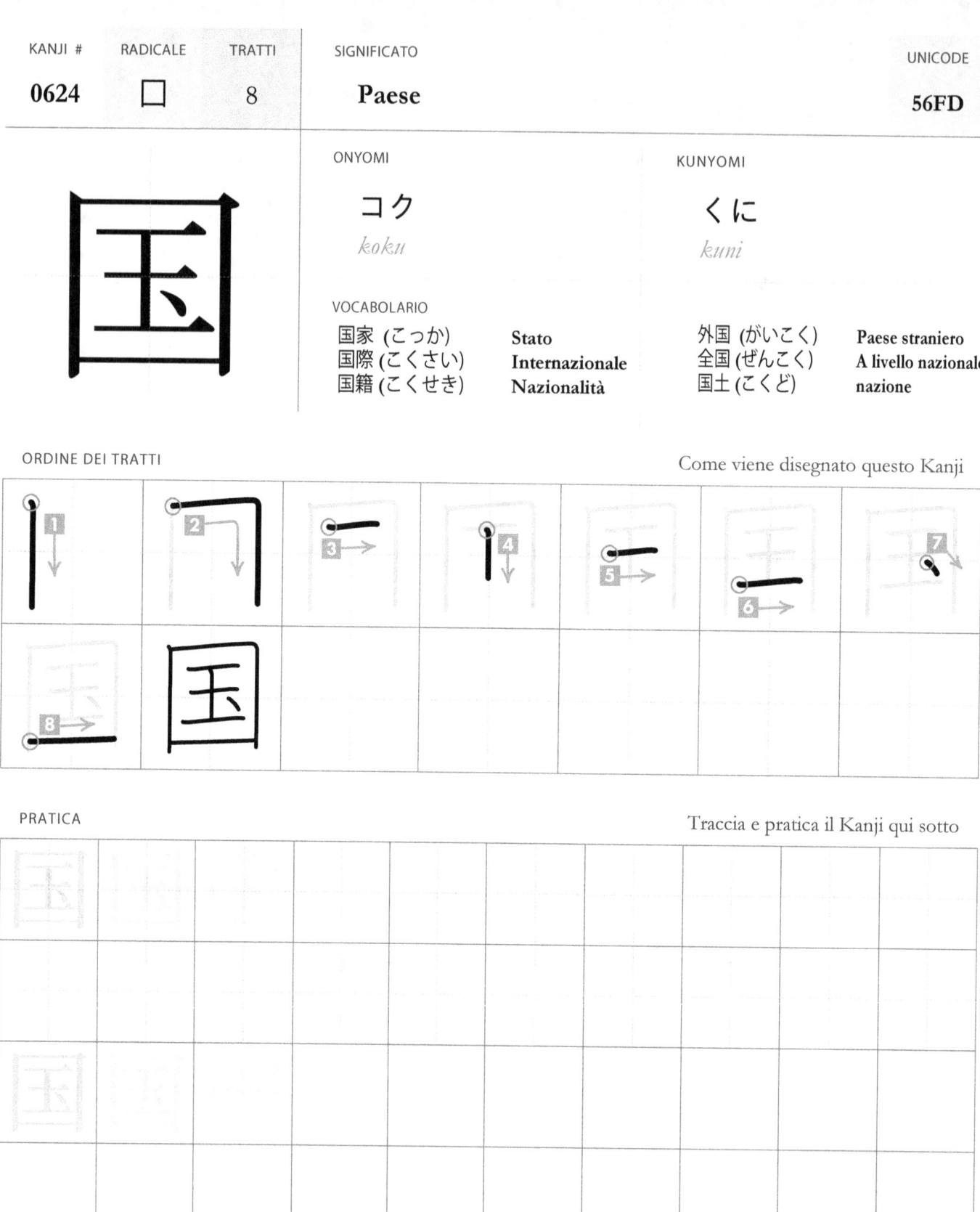

ONYOMI

コク
koku

KUNYOMI

くに
kuni

VOCABOLARIO

国家 (こっか) — Stato
国際 (こくさい) — Internazionale
国籍 (こくせき) — Nazionalità

外国 (がいこく) — Paese straniero
全国 (ぜんこく) — A livello nazionale
国土 (こくど) — nazione

ORDINE DEI TRATTI

Come viene disegnato questo Kanji

PRATICA

Traccia e pratica il Kanji qui sotto

STILI

KANJI #	RADICALE	TRATTI	SIGNIFICATO	UNICODE
0012	人	2	**Persona**	**4EBA**

人

ONYOMI

ジン、ニン

jin, nin

KUNYOMI

ひと

hito

VOCABOLARIO

人生 (じんせい)　Vita
人口 (じんこう)　Popolazione
人類 (じんるい)　Umanità

二人 (ふたり)　**Due persone**
犯人 (はんにん)　**Colpevole**
友人 (ゆうじん)　**amico**

ORDINE DEI TRATTI

Come viene disegnato questo Kanji

PRATICA

Traccia e pratica il Kanji qui sotto

STILI

KANJI #	RADICALE	TRATTI	SIGNIFICATO	UNICODE
1114	干	6	**Anno, contatore di anni**	**5E74**

ONYOMI

ネン
nen

KUNYOMI

とし
toshi

VOCABOLARIO

年齢 (ねんれい)	Età; anni	毎年 (まいとし)	Ogni anno
年月 (としつき)	Mesi e anni	今年 (ことし)	Questo anno
年金 (ねんきん)	Annualità; pensione	来年 (らいねん)	Prossimo anno

ORDINE DEI TRATTI

Come viene disegnato questo Kanji

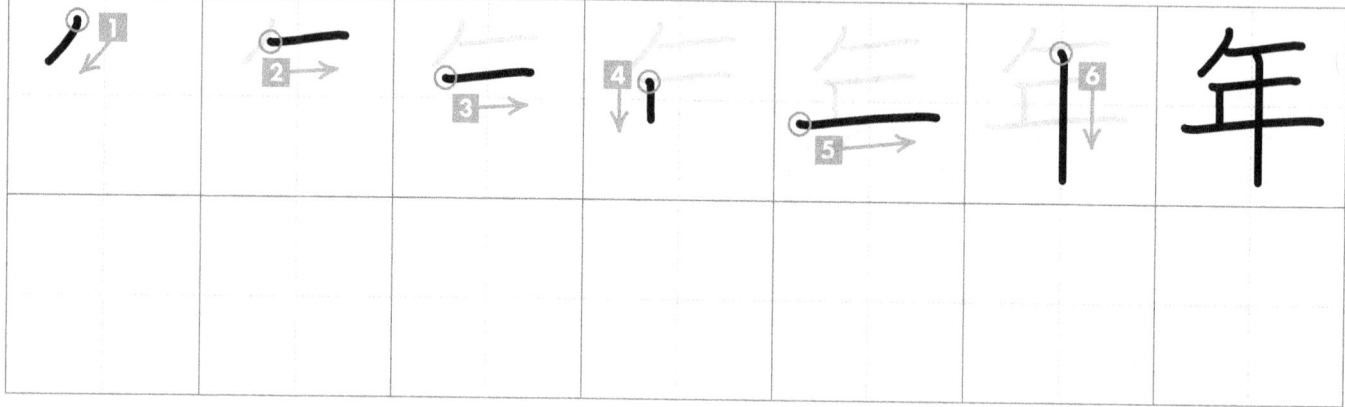

PRATICA

Traccia e pratica il Kanji qui sotto

STILI

KANJI #	RADICALE	TRATTI	SIGNIFICATO	UNICODE
0112	大	3	**Grande, grosso**	5927

大

ONYOMI

ダイ、タイ
dai, tai

KUNYOMI

おお(きい)
oo(kii)

VOCABOLARIO

大人 (おとな)　　Adulto
大きい (おお)　　Grande, grosso
大会 (たいかい)　Convegno

肥大 (ひだい)　　Rigonfiamento;
　　　　　　　　ingrandire
特大 (とくだい)　Extra grande
絶大 (ぜつだい)　enorme

ORDINE DEI TRATTI

Come viene disegnato questo Kanji

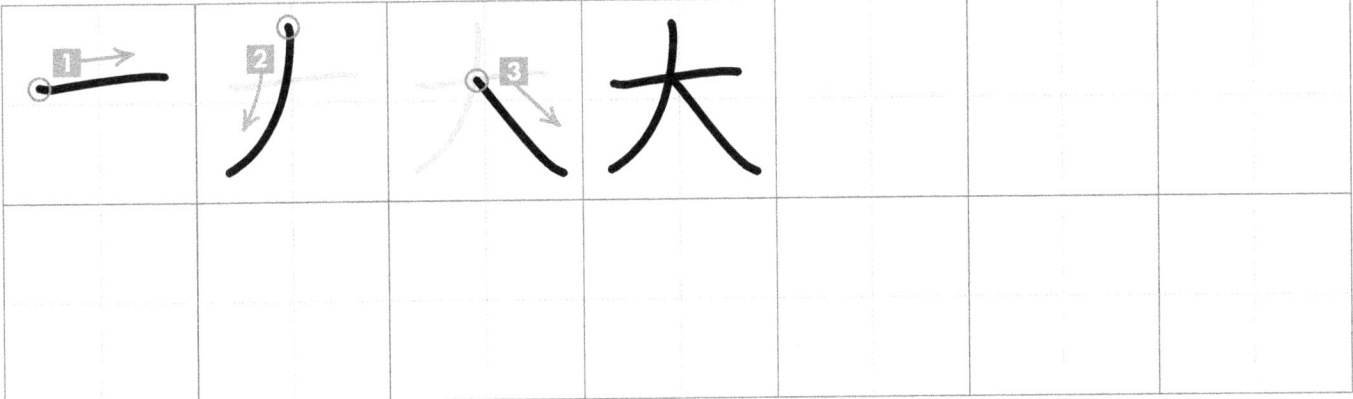

PRATICA

Traccia e pratica il Kanji qui sotto

STILI　　大　**大**　大　大　**大**　大　★　大

KANJI #	RADICALE	TRATTI	SIGNIFICATO	UNICODE
0010	十	2	**Dieci, 10**	**5341**

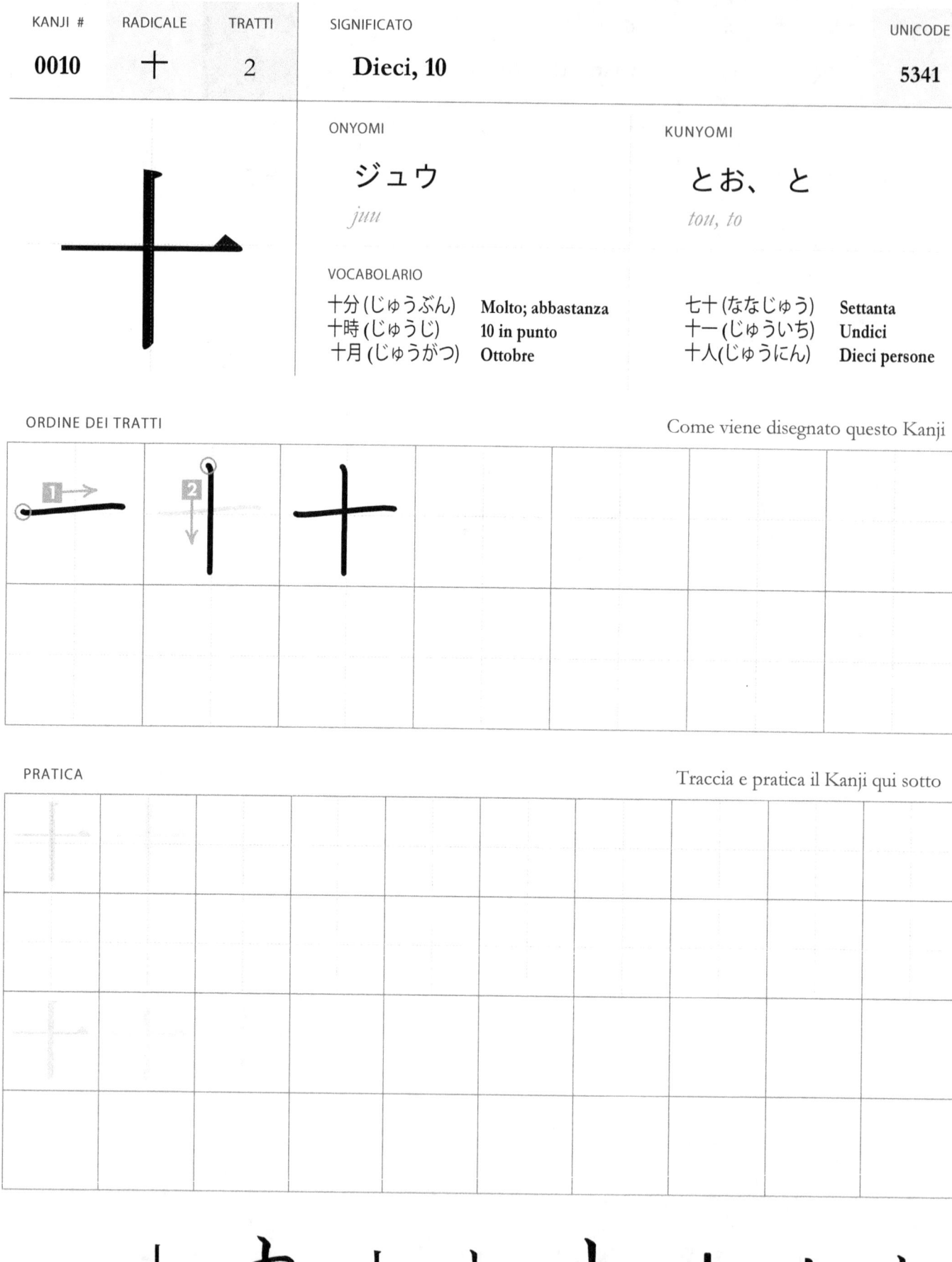

ONYOMI

ジュウ

juu

KUNYOMI

とお、 と

tou, to

VOCABOLARIO

十分 (じゅうぶん)	Molto; abbastanza	七十 (ななじゅう)	Settanta
十時 (じゅうじ)	10 in punto	十一 (じゅういち)	Undici
十月 (じゅうがつ)	Ottobre	十人 (じゅうにん)	Dieci persone

ORDINE DEI TRATTI

Come viene disegnato questo Kanji

PRATICA

Traccia e pratica il Kanji qui sotto

STILI

KANJI #	RADICALE	TRATTI	SIGNIFICATO	UNICODE
0012	二	2	**Due, 2**	**4E8C**

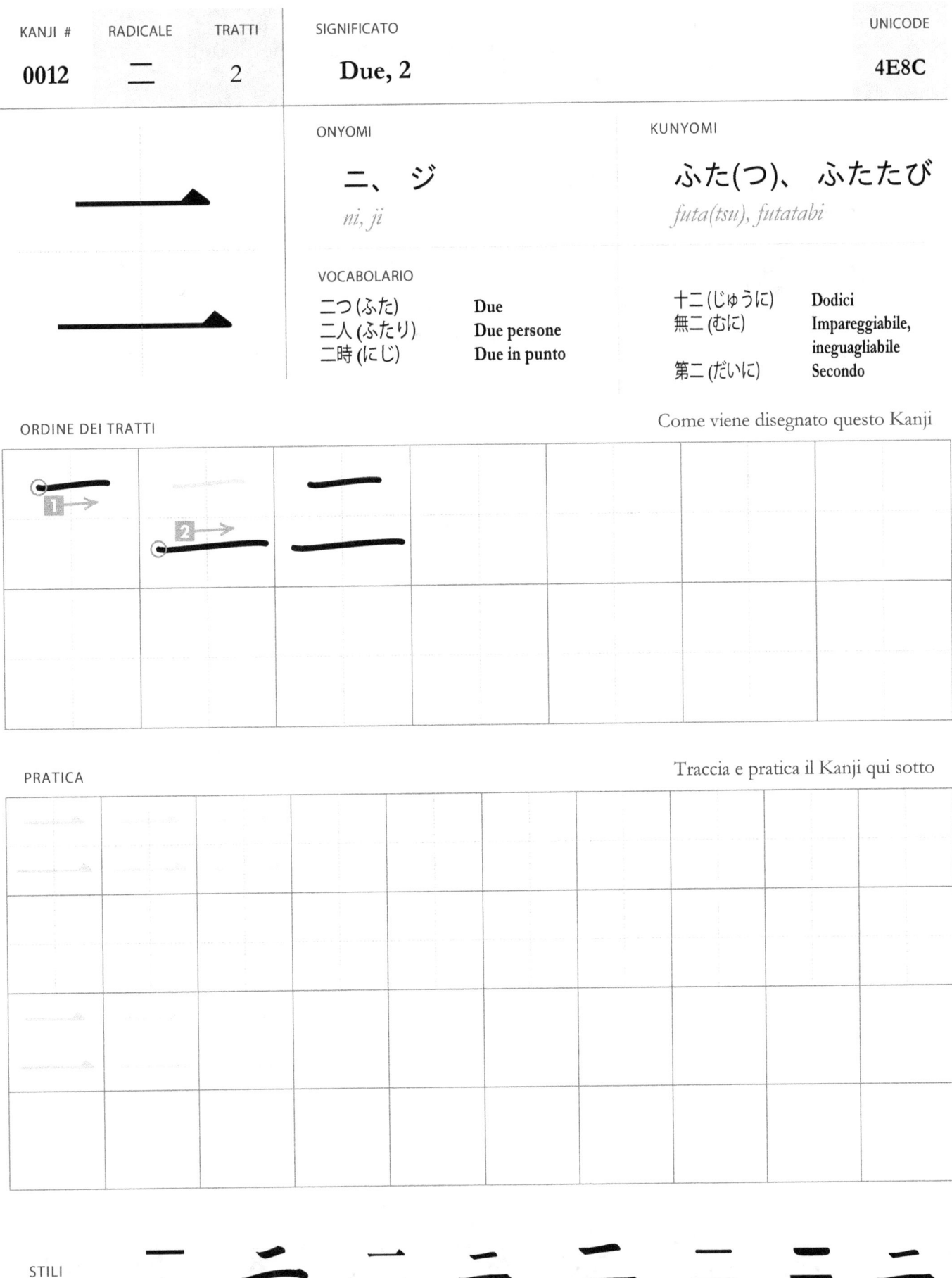

ONYOMI

二、ジ
ni, ji

KUNYOMI

ふた(つ)、ふたたび
futa(tsu), futatabi

VOCABOLARIO

二つ (ふた)   Due
二人 (ふたり)   Due persone
二時 (にじ)   Due in punto

十二 (じゅうに)   Dodici
無二 (むに)   Impareggiabile, ineguagliabile
第二 (だいに)   Secondo

ORDINE DEI TRATTI

Come viene disegnato questo Kanji

PRATICA

Traccia e pratica il Kanji qui sotto

STILI

KANJI #	RADICALE	TRATTI	SIGNIFICATO	UNICODE
0224	木	5	**Libro, regalo, vero, contatore per lunghi oggetti cilindrici**	672C

本

ONYOMI

ホン

hon

KUNYOMI

もと

moto

VOCABOLARIO

本来 (ほんらい)   Originariamente; primariamente

本名 (ほんみょう)   Nome vero

本日 (ほんじつ)   Oggi

日本 (にほん)   Giappone

基本 (きほん)   Fondamenta; basi

手本 (てほん)   Quaderno

ORDINE DEI TRATTI

Come viene disegnato questo Kanji

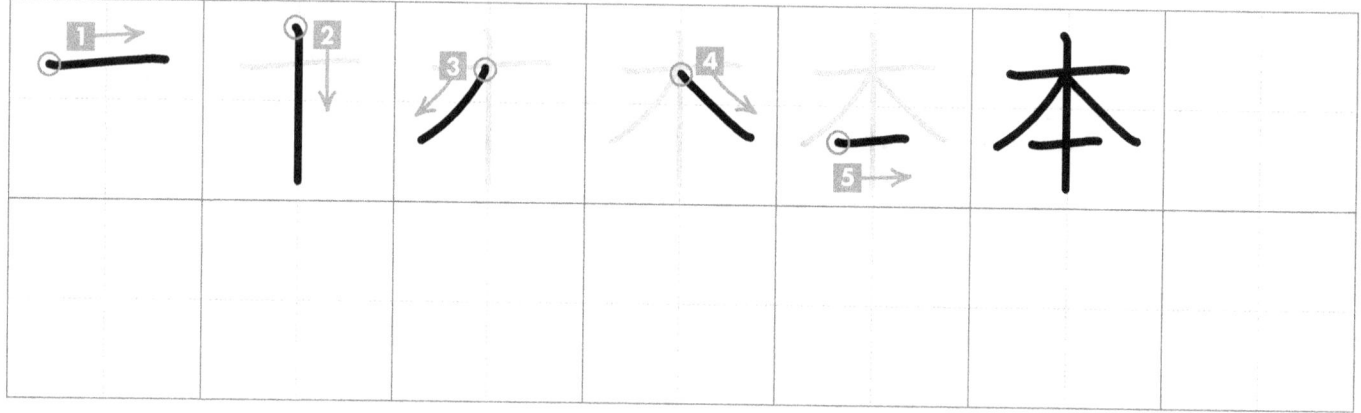

PRATICA

Traccia e pratica il Kanji qui sotto

STILI   本 本 本 本 本 本 本 本

KANJI #	RADICALE	TRATTI	SIGNIFICATO	UNICODE
0039	丨	4	**Dentro, interno, nel mezzo, mezzo, centro**	4E2D

中

ONYOMI

チュウ

chuu

KUNYOMI

なか、 うち、 あた(る)

naka, uchi, ata(ru)

VOCABOLARIO

中国 (ちゅうごく)　Cina
中止 (ちゅうし)　Sospensione
中身 (なかみ)　Contenuti

途中 (とちゅう)　Sulla strada
集中 (しゅうちゅう) Concentrazione
市中 (しちゅう)　In città

ORDINE DEI TRATTI

Come viene disegnato questo Kanji

PRATICA

Traccia e pratica il Kanji qui sotto

STILI　中　中　中　中　中　中　中　中

KANJI #	RADICALE	TRATTI	SIGNIFICATO	UNICODE
2070	長	8	Lungo, leader, superiore, anziano	9577

ONYOMI

チョウ
chou

KUNYOMI

なが(い)、 おさ
naga(i), osa

VOCABOLARIO

長年 (ながねん)　A lungo
長期 (ちょうき)　Lungo termine
長所 (ちょうしょ)　Punto focale

社長 (しゃちょう)　Presidente della società
全長 (ぜんちょう)　Lunghezza totale
機長 (きちょう)　Pilota

ORDINE DEI TRATTI

Come viene disegnato questo Kanji

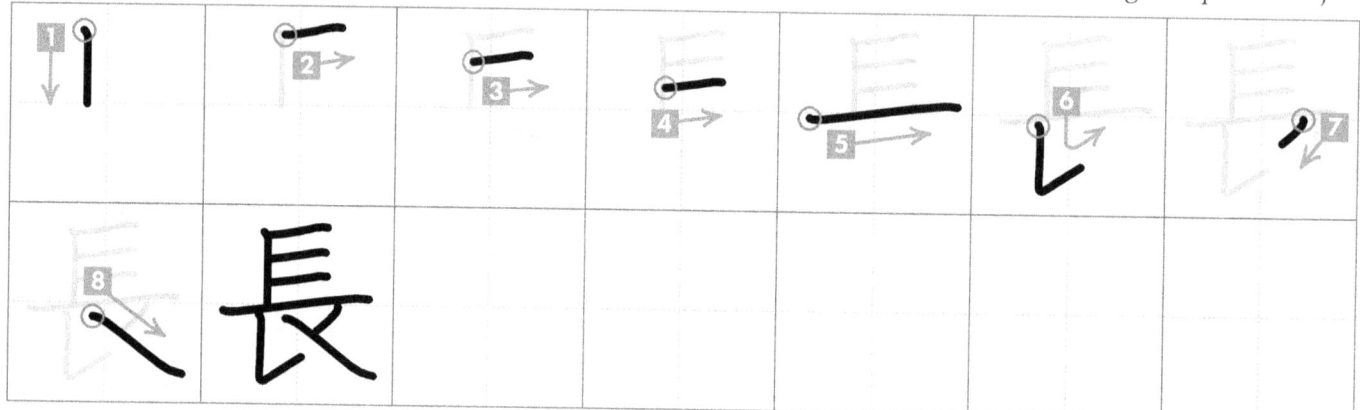

PRATICA

Traccia e pratica il Kanji qui sotto

STILI　　長　長　長　長　長　長　長　長

KANJI #	RADICALE	TRATTI	SIGNIFICATO	UNICODE
0829	凵	5	**Uscita, andare via, uscire**	**51FA**

出

ONYOMI

シュツ、 スイ

shutsu, sui

KUNYOMI

で(る)、 だ(す)、 い(でる)

de(ru), da(su), i(deru)

VOCABOLARIO

出発 (しゅっぱつ)	**Partenza**	見出し (みだ)	**Titolo**
出口 (でぐち)	**Uscita**	演出 (えんしゅつ)	**Produzione**
出版 (しゅっぱん)	**Pubblicazione**	出来事 (できごと)	**Incidente**

ORDINE DEI TRATTI

Come viene disegnato questo Kanji

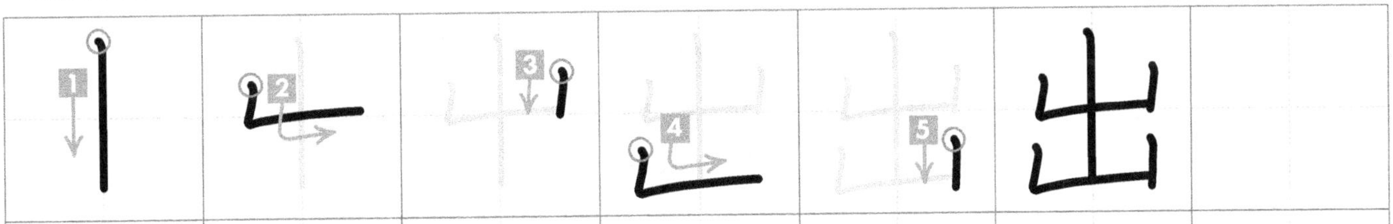

PRATICA

Traccia e pratica il Kanji qui sotto

STILI

出 出 出 出 出 出 出 出

KANJI #	RADICALE	TRATTI	SIGNIFICATO	UNICODE
0003	一	3	Tre, 3	4E09

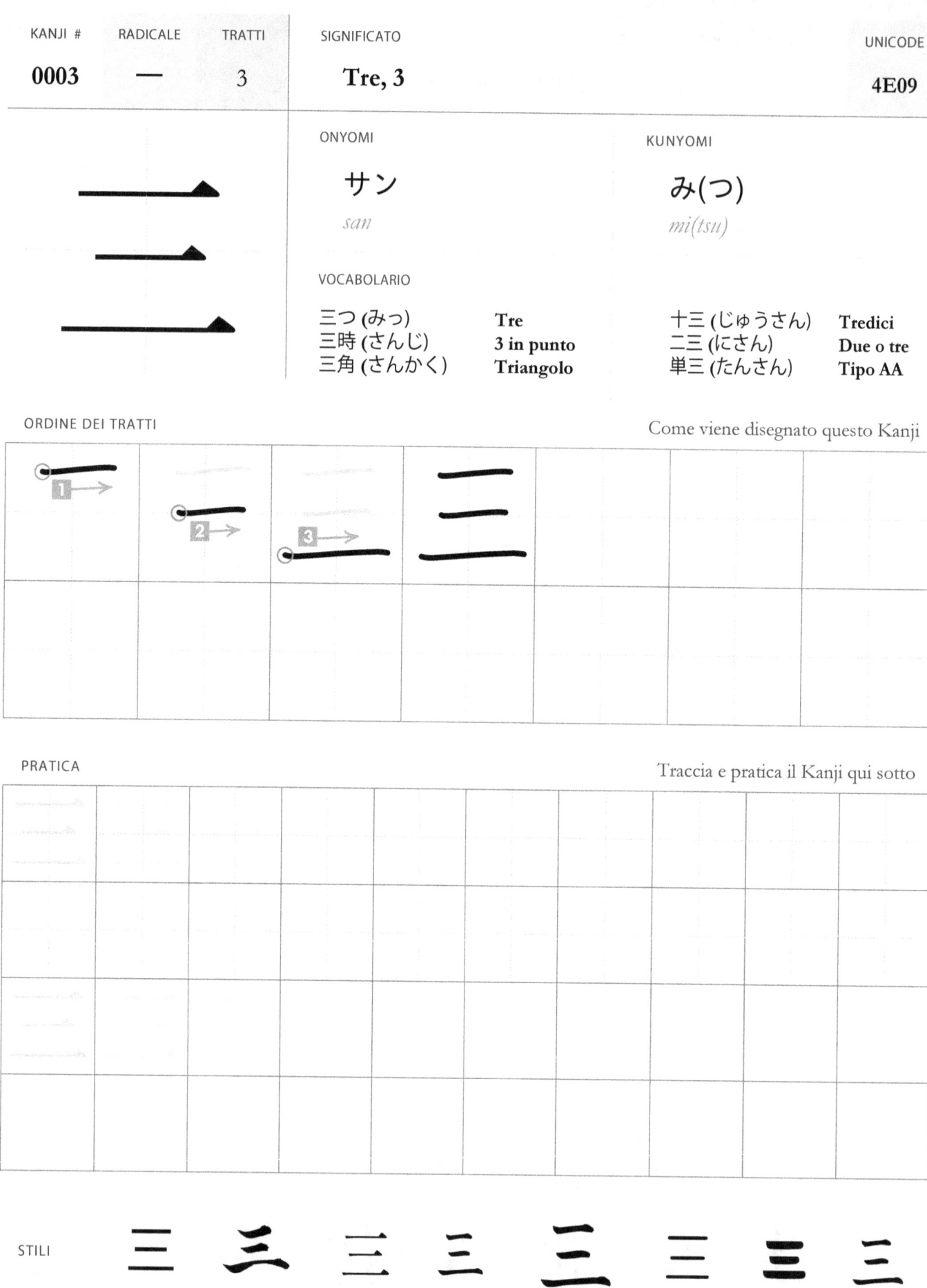

ONYOMI

サン

san

KUNYOMI

み(つ)

mi(tsu)

VOCABOLARIO

三つ (みっ) **Tre**
三時 (さんじ) **3 in punto**
三角 (さんかく) **Triangolo**

十三 (じゅうさん) **Tredici**
二三 (にさん) **Due o tre**
単三 (たんさん) **Tipo AA**

ORDINE DEI TRATTI — Come viene disegnato questo Kanji

PRATICA — Traccia e pratica il Kanji qui sotto

STILI

KANJI #	RADICALE	TRATTI	SIGNIFICATO	UNICODE
0171	日	10	**Tempo, ora**	6642

時

ONYOMI

ジ
ji

KUNYOMI

とき、-どき
toki, doki

VOCABOLARIO

時計 (とけい) — guarda; orologio
時半 (じはん) — Circa un'ora
時差 (じさ) — Differenza temporale

日時 (にちじ) — Data e orario
何時 (いつ) — Quando; quanto presto
同時 (どうじ) — simultaneamente

ORDINE DEI TRATTI

Come viene disegnato questo Kanji

PRATICA

Traccia e pratica il Kanji qui sotto

STILI　時　時　時　時　時　時　時

KANJI #	RADICALE	TRATTI	SIGNIFICATO	UNICODE
0938	行	6	Andare, viaggiare, portare a termine, allineare, riga	884C

行

ONYOMI

コウ、ギョウ、アン

kou, gyou, an

KUNYOMI

い(く)、ゆ(く)、
おこな(う)

i(ku), yu(ku), okona(u)

VOCABOLARIO

行き (ゆ)	obbligato a	旅行 (りょこう)	viaggiare; viaggio
行事 (ぎょうじ)	evento; funzione	銀行 (ぎんこう)	Banca
行政 (ぎょうせい)	Amministrazione	流行 (りゅうこう)	moda

ORDINE DEI TRATTI

Come viene disegnato questo Kanji

PRATICA

Traccia e pratica il Kanji qui sotto

STILI 行 行 行 行 行 行 行 行

KANJI #	RADICALE	TRATTI	SIGNIFICATO	UNICODE
0061	見	7	vedere, speranze, possibilità, idea, opinione, guardare	898B

ONYOMI

ケン

ken

KUNYOMI

み(る)、 み(せる)

mi(ru), mi(seru)

VOCABOLARIO

見る (み) — vedere; guardare
見出し (みだ) — Intestazione
見解 (けんかい) — Opinione

発見 (はっけん) — Scoperta
一見 (いっけん) — Guardare; occhiata
会見 (かいけん) — colloquio

ORDINE DEI TRATTI

Come viene disegnato questo Kanji

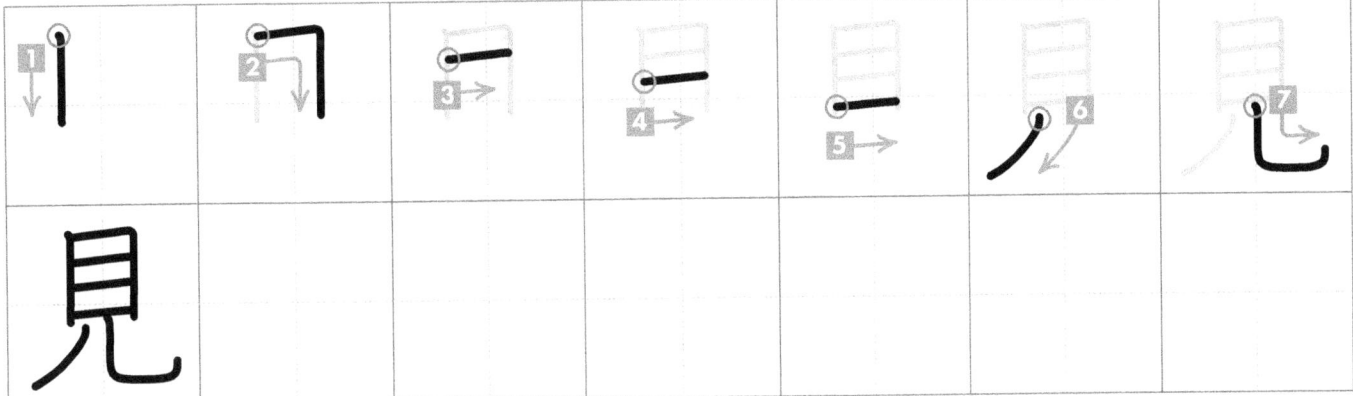

PRATICA

Traccia e pratica il Kanji qui sotto

STILI 見 見 見 見 見 見 見 見

KANJI #	RADICALE	TRATTI	SIGNIFICATO		UNICODE
0013	日	4	**Mese, luna**		**6708**

月

ONYOMI

ゲツ、ガツ

getsu, gatsu

KUNYOMI

つき

tsuki

VOCABOLARIO

月曜 (げつよう)　Lunedì
月日 (つきひ)　Tempo; anni, giorni
月給 (げっきゅう)　Salario mensile

毎月 (まいつき)　Ogni mese
今月 (こんげつ)　Questo mese
来月 (らいげつ)　Prossimo mese

ORDINE DEI TRATTI

Come viene disegnato questo Kanji

PRATICA

Traccia e pratica il Kanji qui sotto

STILI 　月　月　月　月　月　月　月　月

KANJI #	RADICALE	TRATTI	SIGNIFICATO	UNICODE
0844	刀	4	**Parte, minuto di tempo, comprendere**	5206

分

ONYOMI

ブン、フン、ブ
bun, fun, bu

KUNYOMI

わ(ける)
wa(keru)

VOCABOLARIO

分かる (わ) — Comprendere
分野 (ぶんや) — Campo; sfera
分析 (ぶんせき) — Analisi

半分 (はんぶん) — Metà
自分 (じぶん) — Me stesso, te stesso
気分 (きぶん) — Sentimento; umore

ORDINE DEI TRATTI

Come viene disegnato questo Kanji

PRATICA

Traccia e pratica il Kanji qui sotto

STILI 分 分 分 分 分 分 分 分

KANJI #	RADICALE	TRATTI	SIGNIFICATO	UNICODE
1479	彳	9	**Dietro, posteriore, più tardi**	**5F8C**

後

ONYOMI

ゴ、コウ

go, kou

KUNYOMI

のち、うし(ろ)、あと

nochi, ushi(ro), ato

VOCABOLARIO

後ろ (うし)	Dietro; posteriore	今後 (こんご)	Da ora in poi
後半 (こうはん)	Seconda metà	午後 (ごご)	Pomeriggio; p.m.
後で (あと)	Successivamente	前後 (ぜんご)	Fronte e retro

ORDINE DEI TRATTI　　　　　　　　　　　　Come viene disegnato questo Kanji

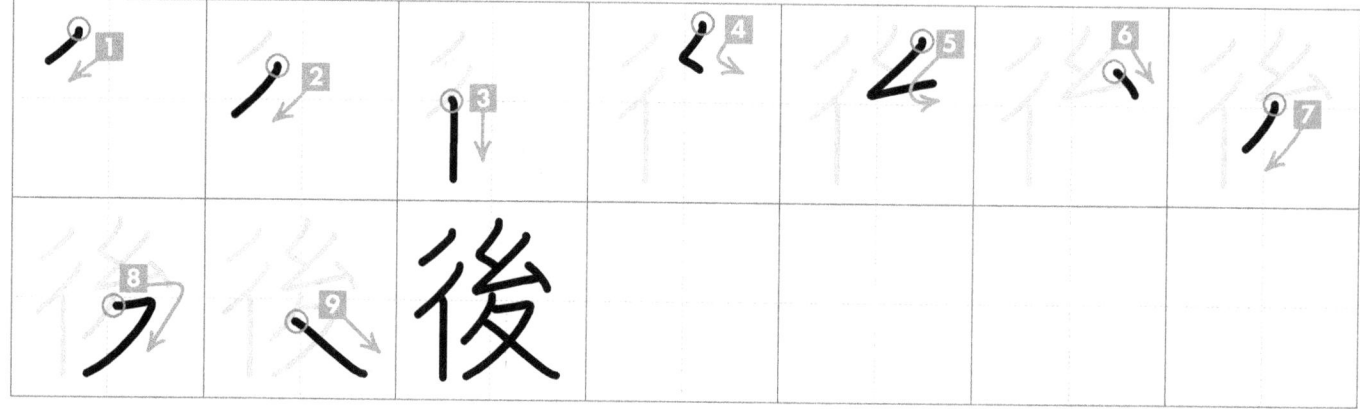

PRATICA　　　　　　　　　　　　Traccia e pratica il Kanji qui sotto

STILI　　後　後　後　後　後　後　後

KANJI #	RADICALE	TRATTI	SIGNIFICATO	UNICODE
0309	刀	9	**Davanti, prima**	524D

前

ONYOMI

ゼン
zen

KUNYOMI

まえ
mae

VOCABOLARIO

前半 (ぜんはん) — Prima metà
前進 (ぜんしん) — Avanza, guida
前日 (ぜんじつ) — Giorno precedente

名前 (なまえ) — Nome; nome completo
午前 (ごぜん) — Mattina; a.m.
出前 (でまえ) — Catering; consegna a domicilio

ORDINE DEI TRATTI

Come viene disegnato questo Kanji

PRATICA

Traccia e pratica il Kanji qui sotto

STILI   前 前 前 前 前 前 前

KANJI #	RADICALE	TRATTI	SIGNIFICATO	UNICODE
1675	生	5	**Vita, genuino, nascita**	**751F**

ONYOMI

セイ、ショウ

sei, shou

KUNYOMI い(きる), う(む)、
お(う)、は(える)、なま

i(kiru), u(mu), o(u), ha(eru), nama

VOCABOLARIO

生徒 (せいと)   Scolaro
生きる (い)   Vivere; esistere
生命 (せいめい)   Vita; esistenza

学生 (がくせい)   Studente
先生 (せんせい))   Insegnante; maestro
一生 (いっしょう)   Intera vita

ORDINE DEI TRATTI   Come viene disegnato questo Kanji

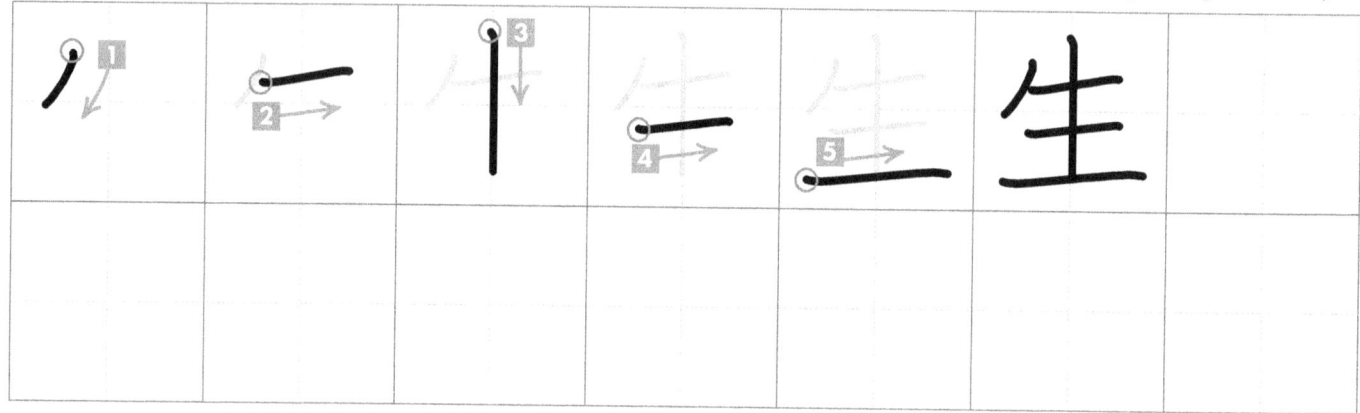

PRATICA   Traccia e pratica il Kanji qui sotto

STILI   生 生 生 生 生 生 生 生

KANJI #	RADICALE	TRATTI	SIGNIFICATO	UNICODE
0005	二	4	**Cinque, 5**	4E94

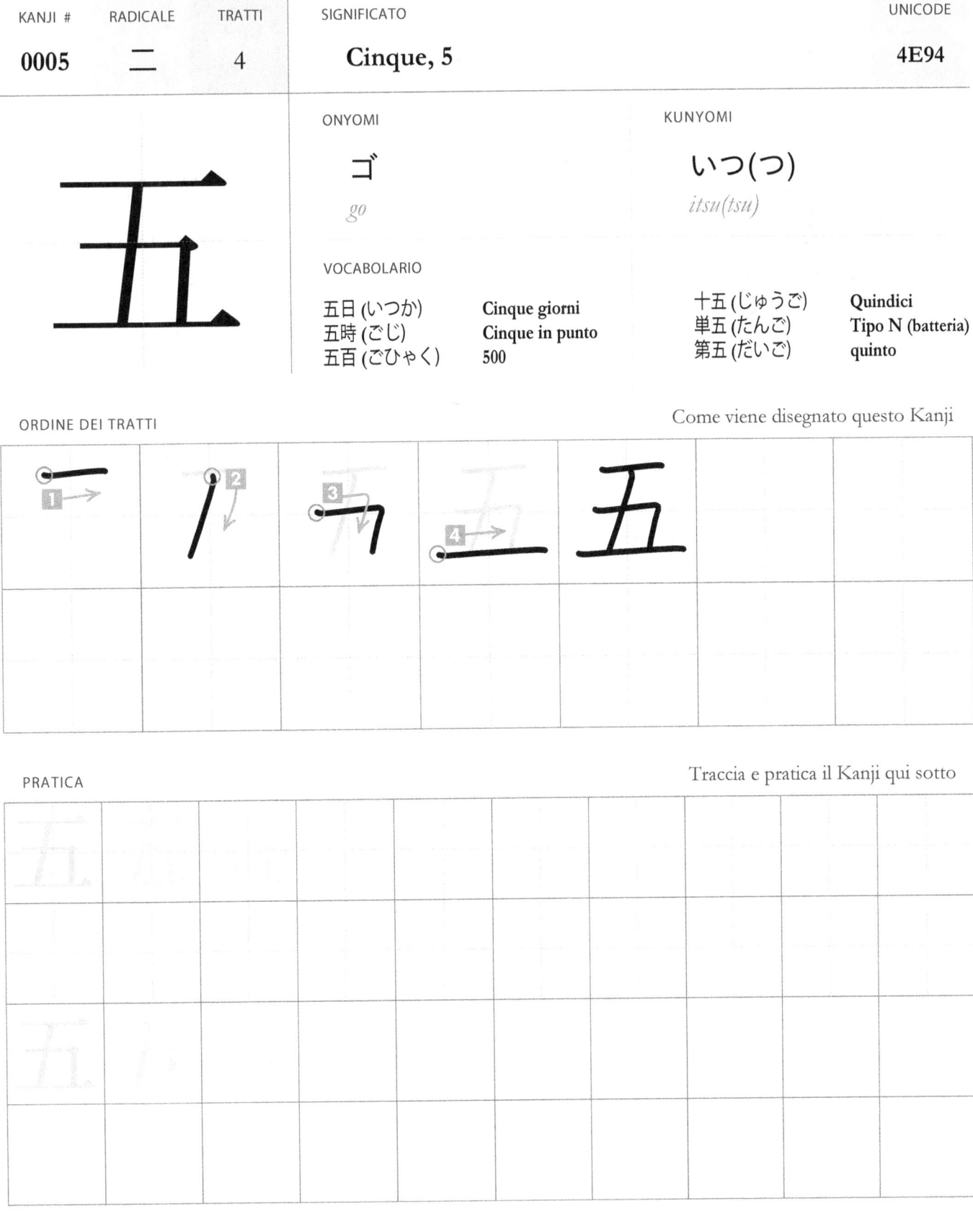

ONYOMI

ゴ

go

KUNYOMI

いつ(つ)

itsu(tsu)

VOCABOLARIO

五日 (いつか)   **Cinque giorni**
五時 (ごじ)   **Cinque in punto**
五百 (ごひゃく)   500

十五 (じゅうご)   Quindici
単五 (たんご)   Tipo N (batteria)
第五 (だいご)   quinto

ORDINE DEI TRATTI   Come viene disegnato questo Kanji

PRATICA   Traccia e pratica il Kanji qui sotto

STILI   五   五   五   五   五   五   五   五

KANJI #	RADICALE	TRATTI	SIGNIFICATO	UNICODE
1747	門	12	**Intervallo, spazio**	**9593**

間

ONYOMI

カン、ケン

kan, ken

KUNYOMI

あいだ、ま、あい

aida, ma, ai

VOCABOLARIO

間接 (かんせつ) — Indiretto
間隔 (かんかく) — Spazio, intervallo
間近 (まぢか) — Prossimità; vicinezza

人間 (にんげん) — Essere umano
期間 (きかん) — Periodo; termine
世間 (せけん) — Mondo; società

ORDINE DEI TRATTI

Come viene disegnato questo Kanji

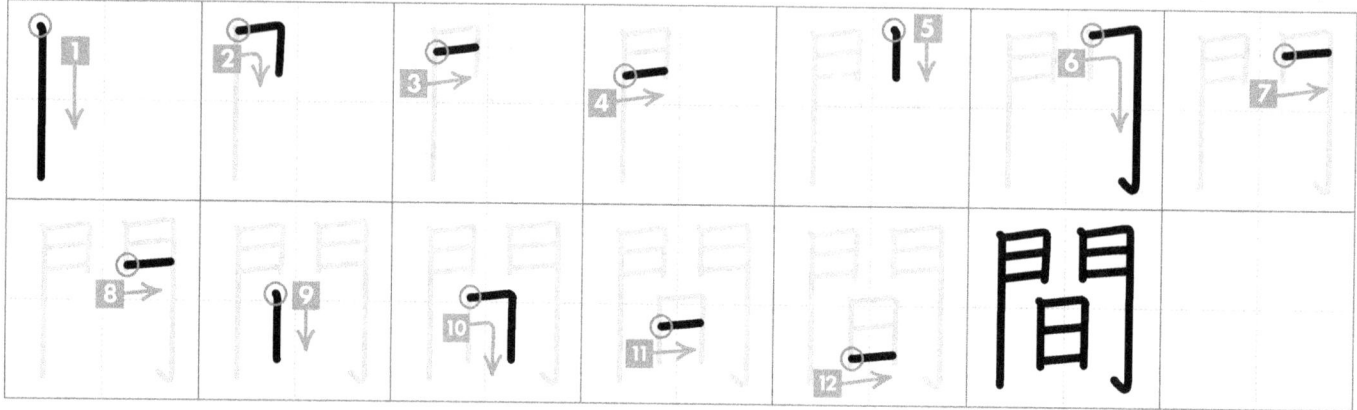

PRATICA

Traccia e pratica il Kanji qui sotto

STILI 間 間 間 間 間 間 間

48

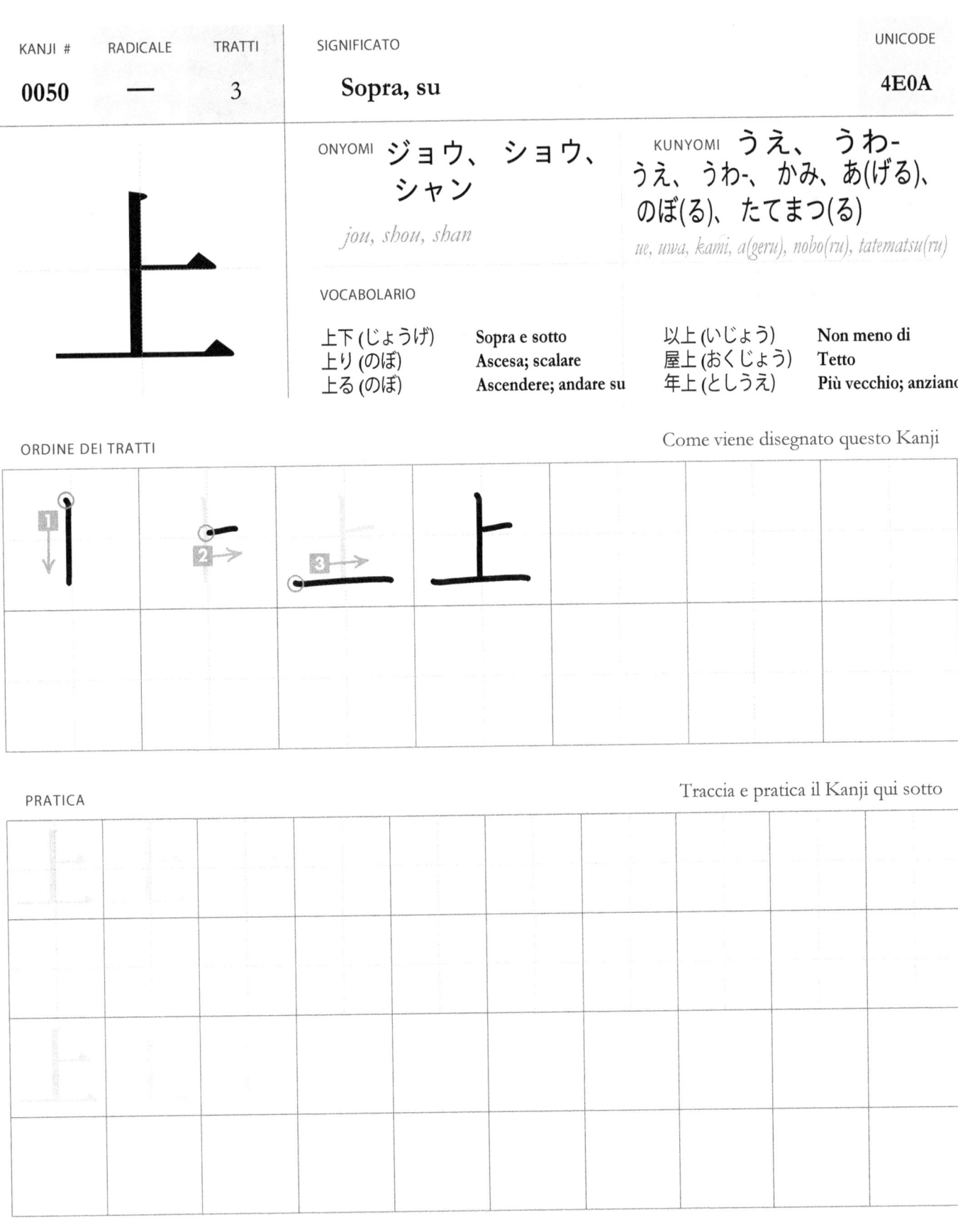

ONYOMI ジョウ、ショウ、シャン

jou, shou, shan

KUNYOMI うえ、うわ-
うえ、うわ-、かみ、あ(げる)、
のぼ(る)、たてまつ(る)

ue, uwa, kami, a(geru), nobo(ru), tatematsu(ru)

VOCABOLARIO

上下 (じょうげ)	Sopra e sotto	以上 (いじょう)	Non meno di
上り (のぼ)	Ascesa; scalare	屋上 (おくじょう)	Tetto
上る (のぼ)	Ascendere; andare su	年上 (としうえ)	Più vecchio; anziano

ORDINE DEI TRATTI

Come viene disegnato questo Kanji

PRATICA

Traccia e pratica il Kanji qui sotto

STILI 上 上 上 上 上 上 上 上

49

KANJI #	RADICALE	TRATTI	SIGNIFICATO	UNICODE
0543	木	8	**Est**	6771

東

ONYOMI

トウ

tou

KUNYOMI

ひがし

higashi

VOCABOLARIO

東西 (とうざい)	Est e ovest	北東 (ほくとう)	nordest
東洋 (とうよう)	Oriente	南東 (なんとう)	Sudest
東北 (とうほく)	Nord-est; Tohoku	東京 (とうきょう)	Tokyo

ORDINE DEI TRATTI

Come viene disegnato questo Kanji

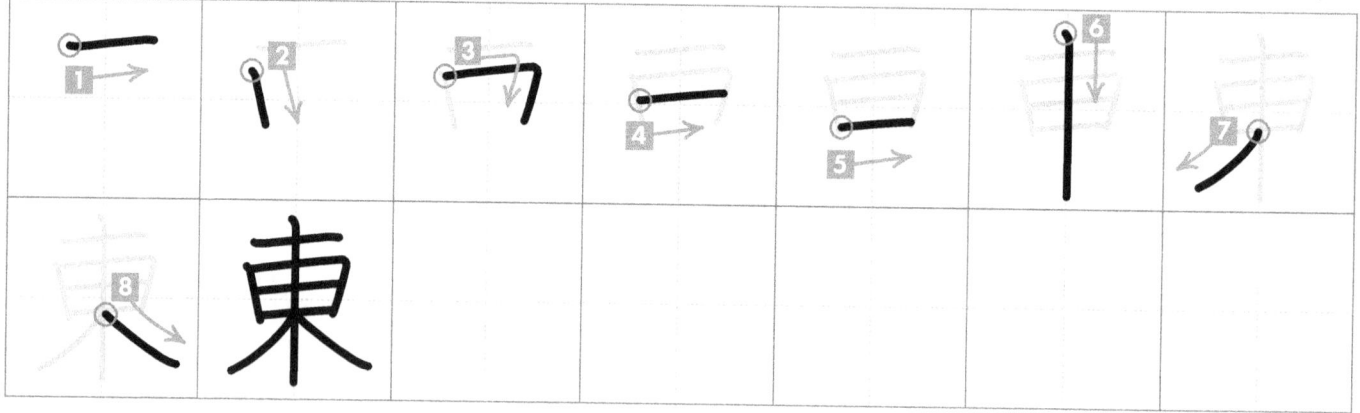

PRATICA

Traccia e pratica il Kanji qui sotto

STILI 東 東 東 東 東 東 東 東

KANJI #	RADICALE	TRATTI	SIGNIFICATO	UNICODE
0004	口	5	**Quattro, 4**	**56DB**

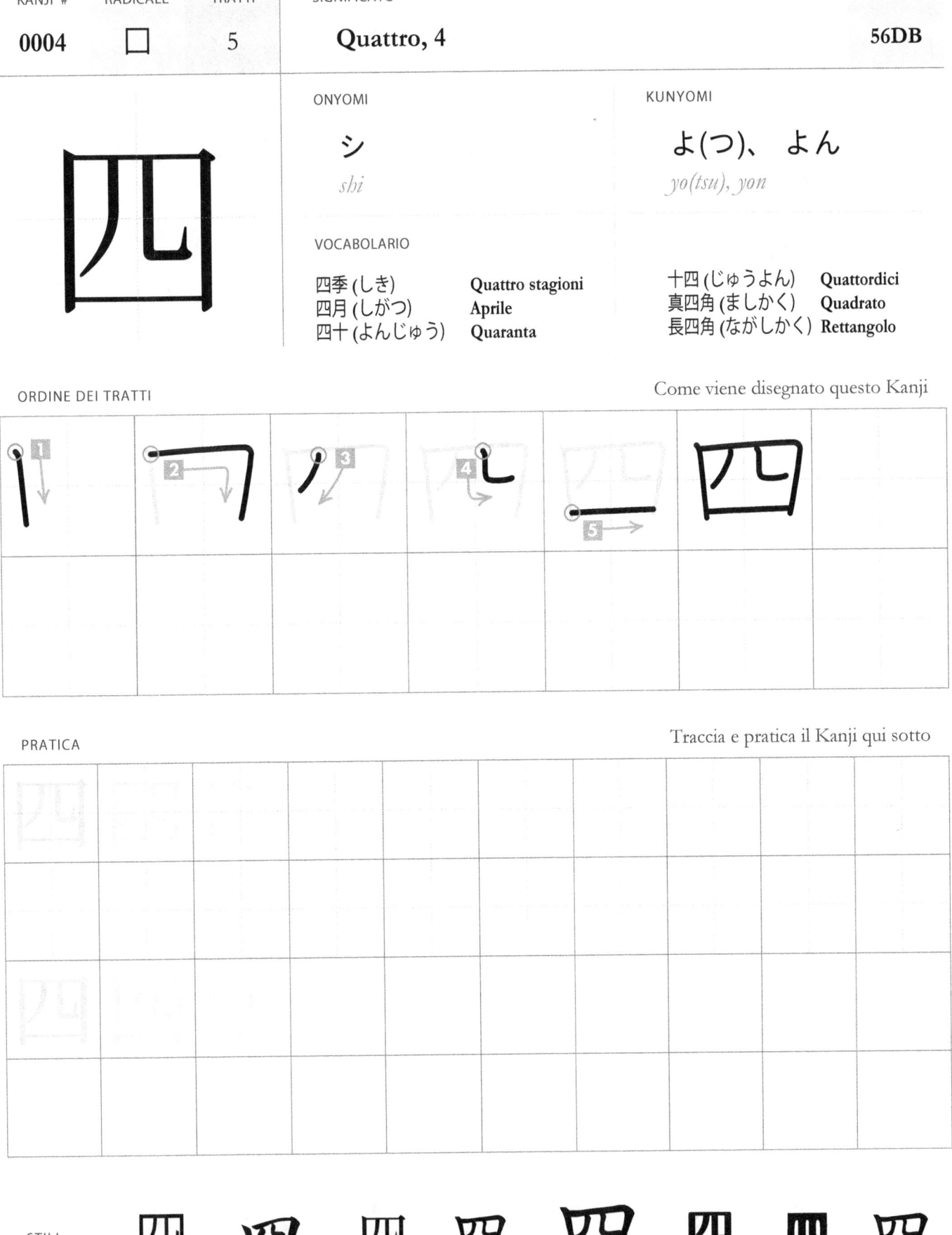

ONYOMI

シ

shi

KUNYOMI

よ(つ)、よん

yo(tsu), yon

VOCABOLARIO

四季 (しき)　　**Quattro stagioni**
四月 (しがつ)　　**Aprile**
四十 (よんじゅう)　**Quaranta**

十四 (じゅうよん)　**Quattordici**
真四角 (ましかく)　**Quadrato**
長四角 (ながしかく)　**Rettangolo**

ORDINE DEI TRATTI

Come viene disegnato questo Kanji

PRATICA

Traccia e pratica il Kanji qui sotto

STILI　四　四　四　四　四　四　四　四

KANJI #	RADICALE	TRATTI	SIGNIFICATO	UNICODE
1711	人	4	**Ora, il present**	**4ECA**

今

ONYOMI

コン、キン

kon, kin

KUNYOMI

いま

ima

VOCABOLARIO

今日 (きょう)　**Oggi; questo giorno**　　今度　（こんど）　**Questo periodo**
今年 (ことし)　**Questo anno**　　　　　　今朝　（けさ）　**Questa mattina**
今月 (こんげつ)　**Questo mese**　　　　　今週　（こんしゅう）　**Questa settimana**

ORDINE DEI TRATTI　　　　　　　　　　　　　　Come viene disegnato questo Kanji

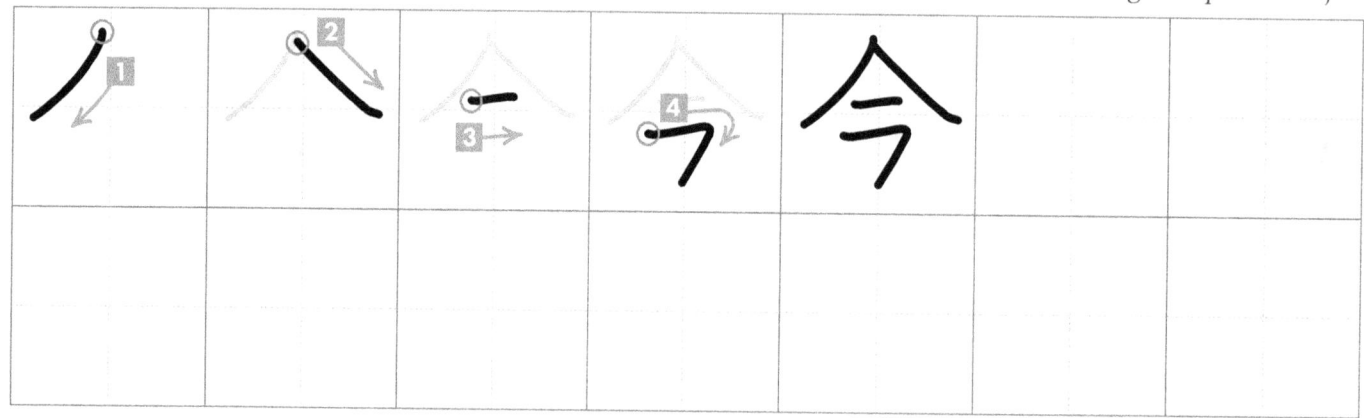

PRATICA　　　　　　　　　　　　　　　Traccia e pratica il Kanji qui sotto

STILI　　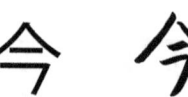

KANJI #	RADICALE	TRATTI	SIGNIFICATO		UNICODE
0287	金	8	**Oro**		**91D1**

ONYOMI

キン、コン、ゴン

kin, kon, gon

KUNYOMI

かね、かな-、-がね

kane, kana, gane

VOCABOLARIO

金属 (きんぞく)	Metallo	料金 (りょうきん)	Tassa; quota
金曜 (きんよう)	Venerdì	借金 (しゃっきん)	Debito; prestito
金銭 (きんせん)	Soldi; contante	資金 (しきん)	Fondi; capitale

ORDINE DEI TRATTI

Come viene disegnato questo Kanji

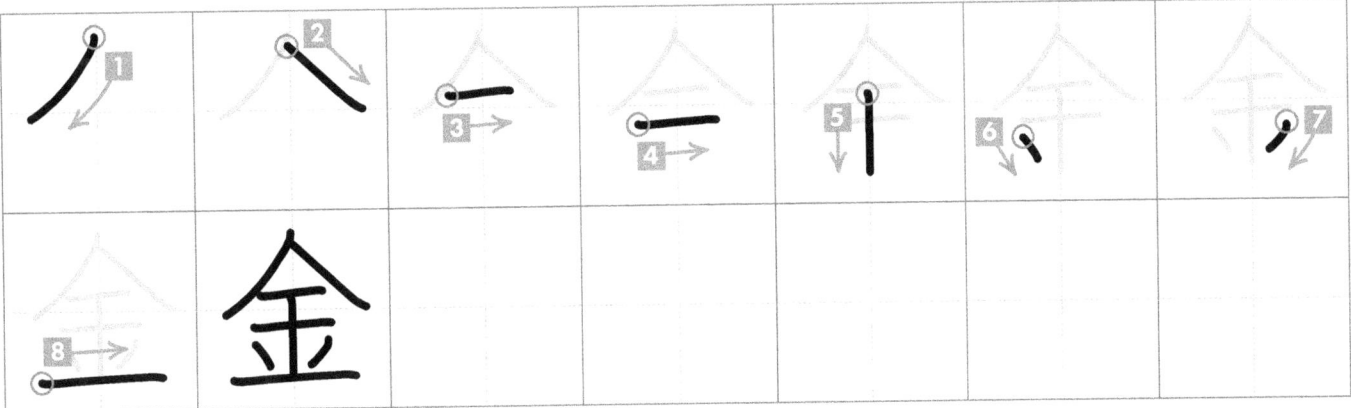

PRATICA

Traccia e pratica il Kanji qui sotto

STILI 金 金 金 金 金 金 金 金

KANJI #	RADICALE	TRATTI	SIGNIFICATO	UNICODE
0009	乁	2	**Nove, 9**	**4E5D**

九

ONYOMI

キュウ、ク

kyuu, ku

KUNYOMI

ここの(つ)

kokono(tsu)

VOCABOLARIO

九月 (くがつ)	Settembre	二九 (にく)	Ventinove
九時 (くじ)	Nove in punto	八九分 (はっくぶ)	Vicino; quasi
九分 (くぶ)	Nove parti	十九 (じゅうきゅう)	diciannove

ORDINE DEI TRATTI

Come viene disegnato questo Kanji

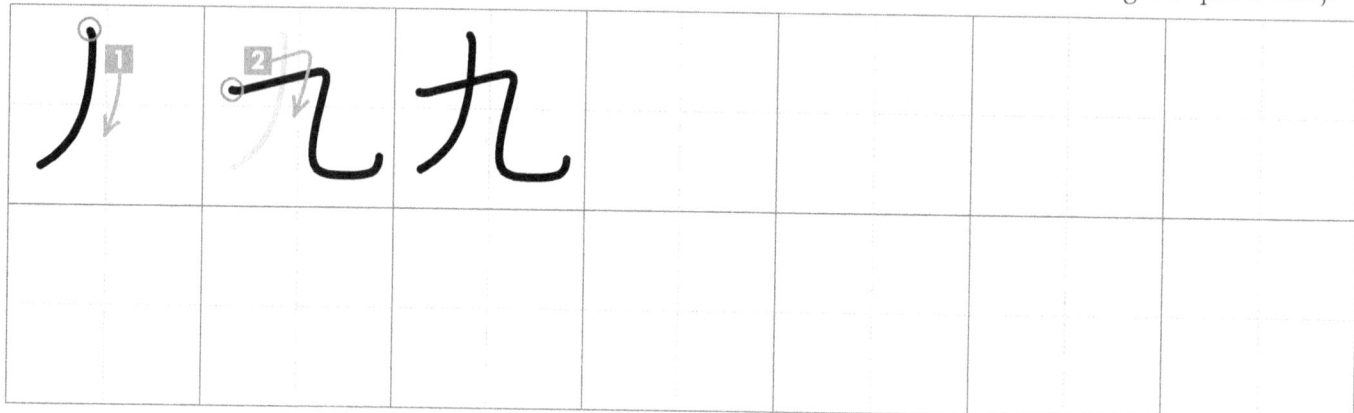

PRATICA

Traccia e pratica il Kanji qui sotto

STILI 九 九 九 九 九 九 九 九

KANJI #	RADICALE	TRATTI	SIGNIFICATO	UNICODE
0842	入	2	**Inviare; inserire**	**5165**

ONYOMI

ニュウ

nyuu

KUNYOMI

い(る)、はい(る)

i(ru), hai(ru)

VOCABOLARIO

入る (はい) Entrare; andare dentro
入場 (にゅうじょう) Entrata; ammissione
入力 (にゅうりょく) Inputa; data entry

収入 (しゅうにゅう) Reddito; scontrini
購入 (こうにゅう) Acquisto; comprare
加入 (かにゅう) Diventare membro

ORDINE DEI TRATTI   Come viene disegnato questo Kanji

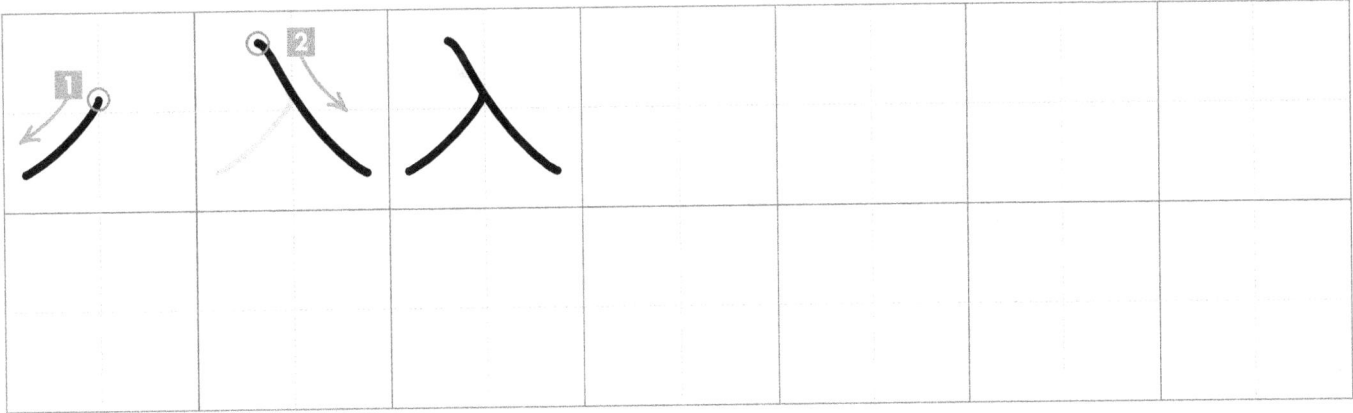

PRATICA   Traccia e pratica il Kanji qui sotto

STILI   入 入 入 入 入 入 入 入

KANJI #	RADICALE	TRATTI	SIGNIFICATO	UNICODE
0346	子	8	Studio, apprendimento, scienza	5B66

ONYOMI

ガク

gaku

KUNYOMI

まな(ぶ)

mana(bu)

VOCABOLARIO

学校 (がっこう)　Scuola
学生 (がくせい)　Studente
学習 (がくしゅう)　Studio, apprendimento

中学 (ちゅうがく)　Scuola media
科学 (かがく)　Scienza
文学 (ぶんがく)　Letteratura

ORDINE DEI TRATTI

Come viene disegnato questo Kanji

PRATICA

Traccia e pratica il Kanji qui sotto

STILI　学　学　学　学　学　学　学　学

KANJI #	RADICALE	TRATTI	SIGNIFICATO	UNICODE
0329	高	10	**Alto, in alto, costoso**	**9AD8**

高

ONYOMI

コウ

kou

KUNYOMI

たか(い)

taka(i)

VOCABOLARIO

高い (たか)	Alto, in alto
高度 (こうど)	Altitudine, altezza
高速 (こうそく)	Alta velocità; marce alte
最高 (さいこう)	Il più alto; il migliore
標高 (ひょうこう)	Elevazione
小高い (こだか)	Leggermente rialzato

ORDINE DEI TRATTI

Come viene disegnato questo Kanji

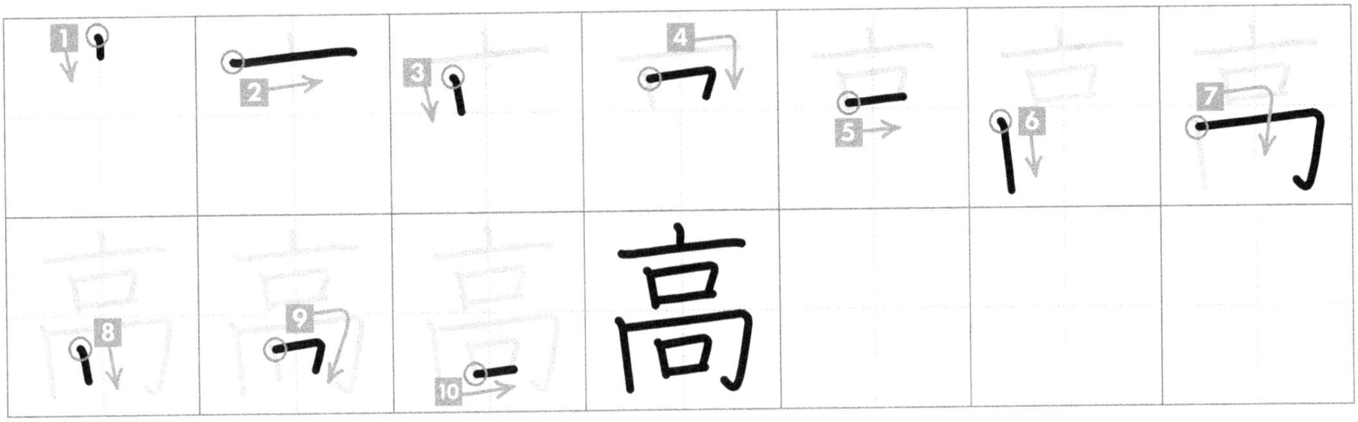

PRATICA

Traccia e pratica il Kanji qui sotto

STILI

高 高 高 高 高 高 高 高

KANJI #	RADICALE	TRATTI	SIGNIFICATO	UNICODE
1952	冂	4	**Cerchio, yen (moneta giapponese), rotondo**	**5186**

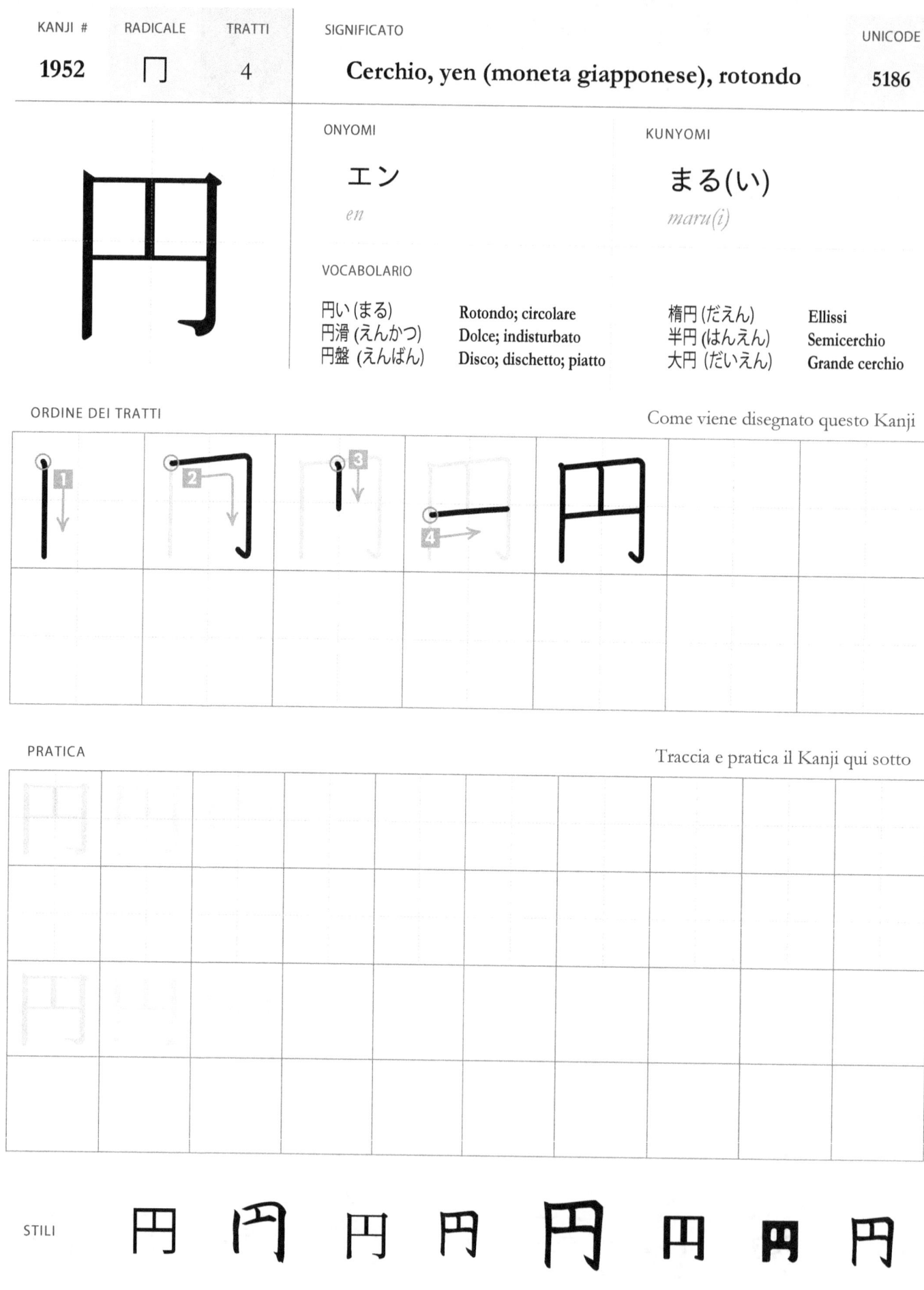

ONYOMI

エン

en

KUNYOMI

まる(い)

maru(i)

VOCABOLARIO

円い (まる)	Rotondo; circolare	楕円 (だえん)	Ellissi
円滑 (えんかつ)	Dolce; indisturbato	半円 (はんえん)	Semicerchio
円盤 (えんばん)	Disco; dischetto; piatto	大円 (だいえん)	Grande cerchio

ORDINE DEI TRATTI   Come viene disegnato questo Kanji

PRATICA   Traccia e pratica il Kanji qui sotto

STILI   円 円 円 円 円 円 円 円

KANJI #	RADICALE	TRATTI	SIGNIFICATO	UNICODE
0099	子	3	**Bambino**	**5B50**

子

ONYOMI

シ、ス、ツ

shi, su, tsu

KUNYOMI

こ、-こ(ね)

ko, ne

VOCABOLARIO

子孫 (しそん)　　　Discendente
子女 (しじょ)　　　Figli e figlie
子分 (こぶん)　　　Scagnozzo; seguace

男子 (だんし)　　　Giovane; ragazzo
電子 (でんし)　　　Elettrone
女子 (じょし)　　　Donna; ragazza

ORDINE DEI TRATTI

Come viene disegnato questo Kanji

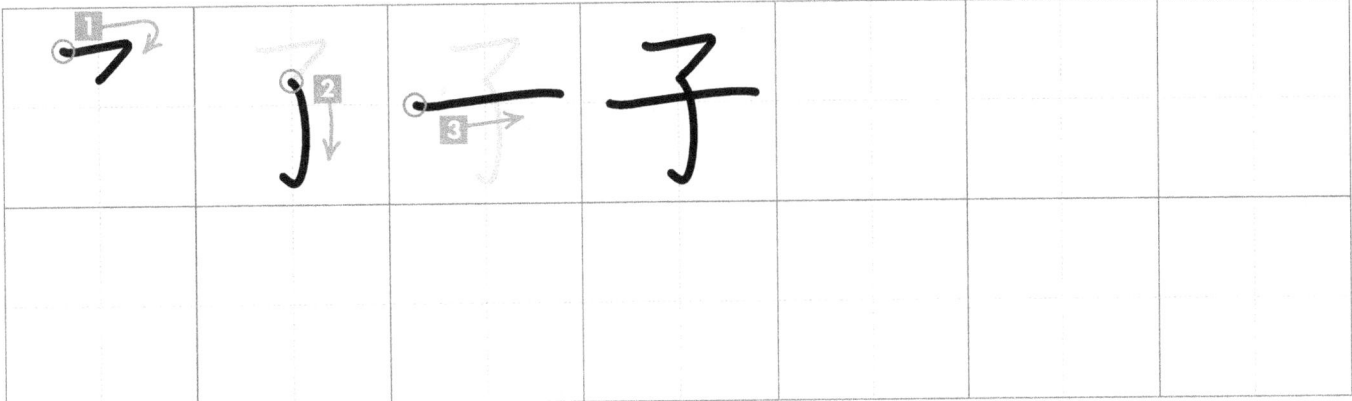

PRATICA

Traccia e pratica il Kanji qui sotto

STILI 　子　子　子　子　子　子　子　子

KANJI #	RADICALE	TRATTI	SIGNIFICATO	UNICODE
0116	夕	5	**Fuori**	5916

外

ONYOMI

ガイ、ゲ

gai, ge

KUNYOMI

そと、 ほか、
はず(す)、 と-

soto, hoka, hazu-, to-

VOCABOLARIO

外国 (がいこく) — Paese straniero
外部 (がいぶ) — L'esterno
外科 (げか) — Chirurgia

海外 (かいがい) — Straniero; all'estero
意外 (いがい) — Inatteso
郊外 (こうがい) — Sobborghi; periferia

ORDINE DEI TRATTI

Come viene disegnato questo Kanji

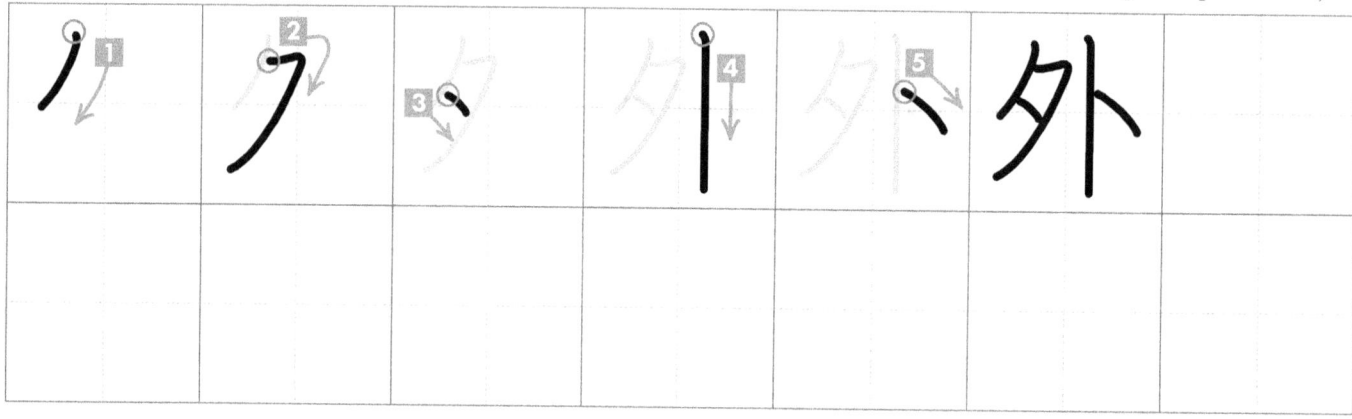

PRATICA

Traccia e pratica il Kanji qui sotto

STILI 外 外 外 外 外 外 外 外

KANJI #	RADICALE	TRATTI	SIGNIFICATO	UNICODE
0008	八	2	**Otto, 8**	**516B**

ONYOMI

ハチ
hachi

KUNYOMI

や(つ)、よう
ya(tsu), you

VOCABOLARIO

八十 (はちじゅう)　　**Ottanta**
八月 (はちがつ)　　**Agosto**
八時 (はちじ)　　**Otto in punto**

十八 (じゅうはち)　　**Diciotto**
二八 (にはち)　　**Sedici**
百八 (ひゃくはち)　　108

ORDINE DEI TRATTI

Come viene disegnato questo Kanji

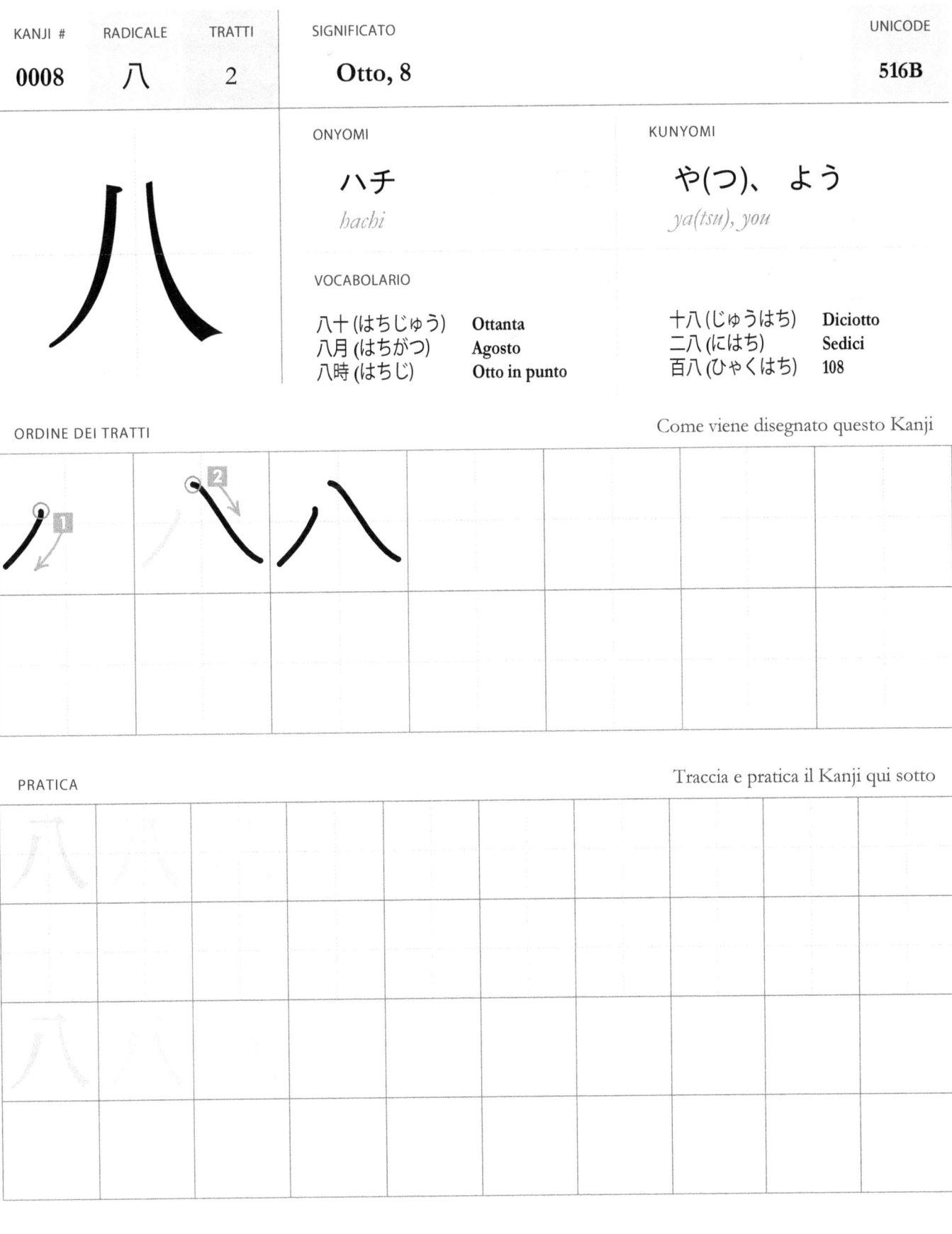

PRATICA

Traccia e pratica il Kanji qui sotto

STILI　　八　八　八　八　八　八　ハ　八

KANJI #	RADICALE	TRATTI	SIGNIFICATO	UNICODE
0006	八	4	**Sei, 6**	**516D**

六

ONYOMI

ロク
roku

KUNYOMI

む(つ)、 むい
mu(tsu), mui

VOCABOLARIO

六月 (ろくがつ)	**Giugno**
六十 (ろくじゅう)	**Sessanta**
六角 (ろっかく)	**Esagono**
才六 (さいろく)	**Ragazzo; ragazzino**
6歳 (ろくさい)	**6enne**
甚六 (じんろく)	**Ignorante**

ORDINE DEI TRATTI

Come viene disegnato questo Kanji

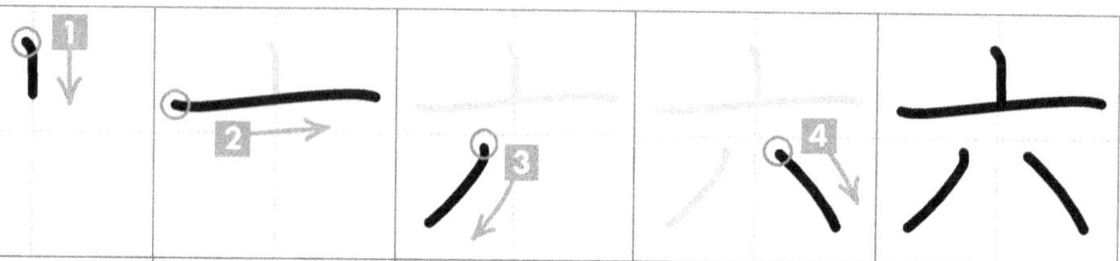

PRATICA

Traccia e pratica il Kanji qui sotto

STILI

六 六 六 六 六 六 六 六

KANJI #	RADICALE	TRATTI	SIGNIFICATO	UNICODE
0051	口	3	**Sotto, giù, scendere, dare, abbassare, inferiore**	**4E0B**

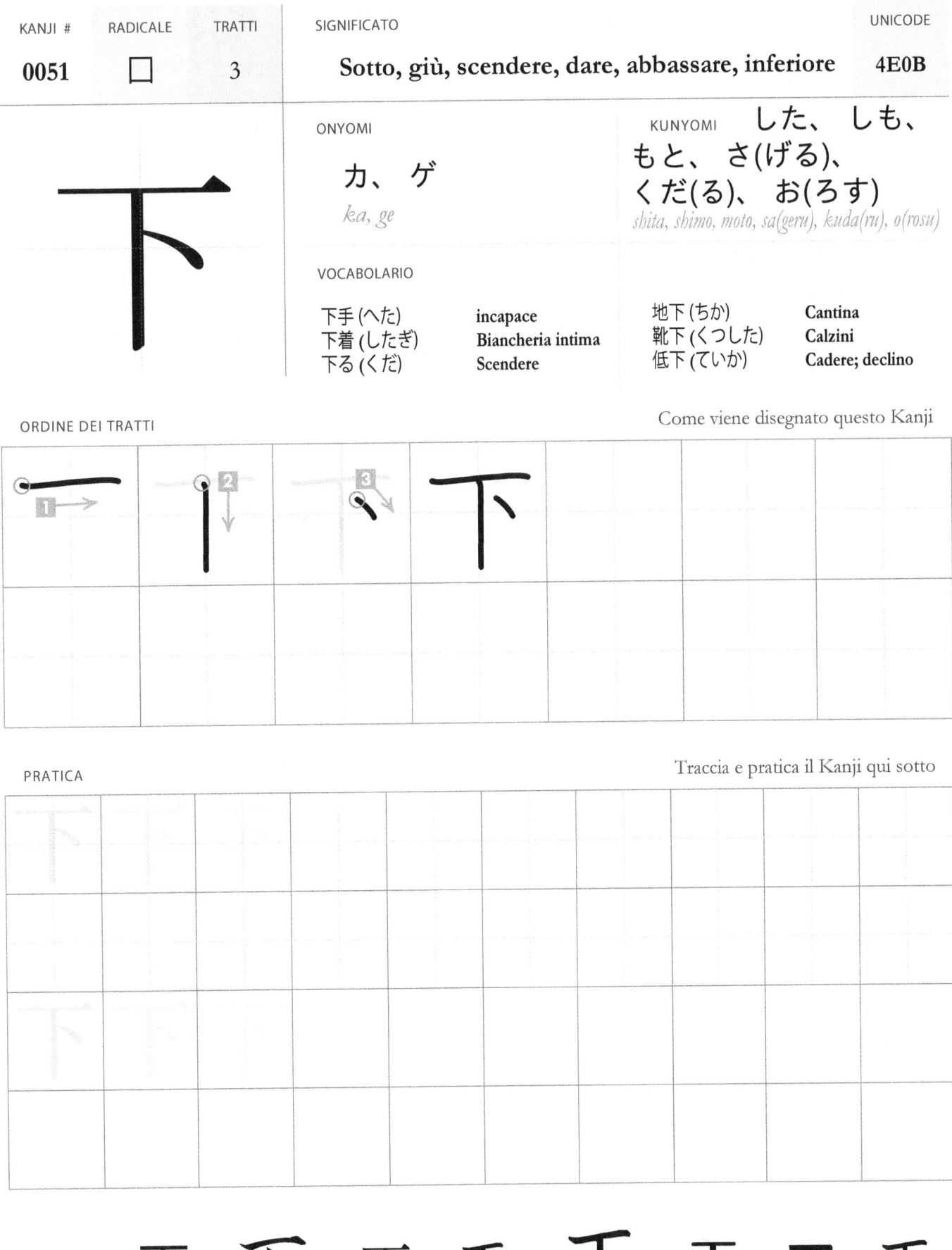

ONYOMI

カ、 ゲ

ka, ge

KUNYOMI した、 しも、 もと、 さ(げる)、 くだ(る)、 お(ろす)

shita, shimo, moto, sa(geru), kuda(ru), o(rosu)

VOCABOLARIO

下手 (へた)	incapace	地下 (ちか)	Cantina
下着 (したぎ)	Biancheria intima	靴下 (くつした)	Calzini
下る (くだ)	Scendere	低下 (ていか)	Cadere; declino

ORDINE DEI TRATTI

Come viene disegnato questo Kanji

PRATICA

Traccia e pratica il Kanji qui sotto

STILI 下 下 下 下 下 下 下 下

KANJI #	RADICALE	TRATTI	SIGNIFICATO	UNICODE
2029	木	7	Venire, scadenza, prossimo, causare, diventare	6765

ONYOMI

ライ、タイ

rai, tai

KUNYOMI

く.る、きた.る、
き、こ

kuru, kitaru, ki, ko

VOCABOLARIO

来年 (らいねん) — **Prossimo anno**
来月 (らいげつ) — **Prossimo mese**
来週 (らいしゅう) — **Prossima settimana**

本来 (ほんらい) — **Originariamente**
以来 (いらい) — **Da (tempo)**
外来 (がいらい) — **Straniero**

ORDINE DEI TRATTI

Come viene disegnato questo Kanji

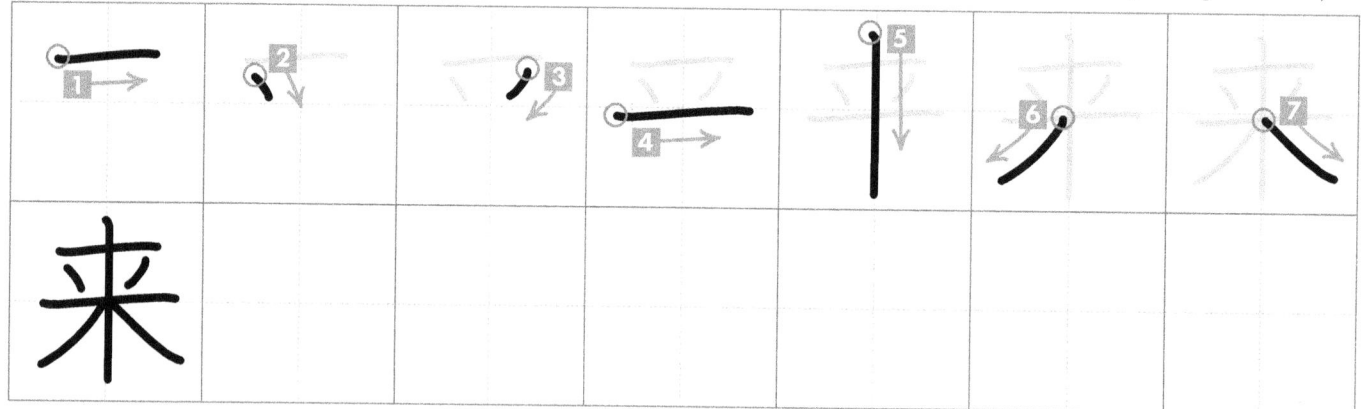

PRATICA

Traccia e pratica il Kanji qui sotto

STILI 来 来 来 来 来 来 来 来

KANJI #	RADICALE	TRATTI	SIGNIFICATO	UNICODE
2030	气	6	**Spirito, mente, aria, atmosfera, umore**	**6C17**

気

ONYOMI

キ、 ケ

ki, ke

KUNYOMI

いき

iki

VOCABOLARIO

気分 (きぶん)	**Sentimento, umore**
気象 (きしょう)	**Tempo (atmosferico); clima**
気圧 (きあつ)	**Pressione atmosferica**
電気 (でんき)	**Elettricità**
病気 (びょうき)	**Malessere; malattia**
元気 (げんき)	**vivace**

ORDINE DEI TRATTI

Come viene disegnato questo Kanji

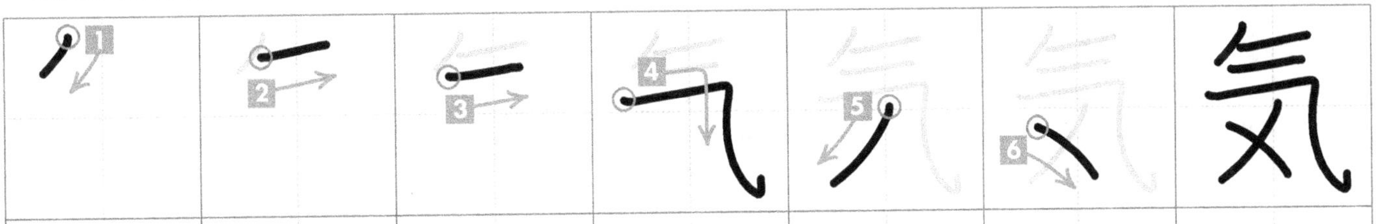

PRATICA

Traccia e pratica il Kanji qui sotto

STILI

気 気 気 気 気 気 気 気

小

ONYOMI

ショウ

shou

KUNYOMI

ちい(さい)、
こ-、お-、さ-

chii(sai), ko-, o-, sa-

VOCABOLARIO

小供 (こども)	Bambino; bambini	大小 (だいしょう)	Grande e piccolo
小説 (しょうせつ)	Novella	縮小 (しゅくしょう)	riduzione
小女 (しょうじょ)	Piccola ragazza	最小 (さいしょう)	Il più piccolo

ORDINE DEI TRATTI

Come viene disegnato questo Kanji

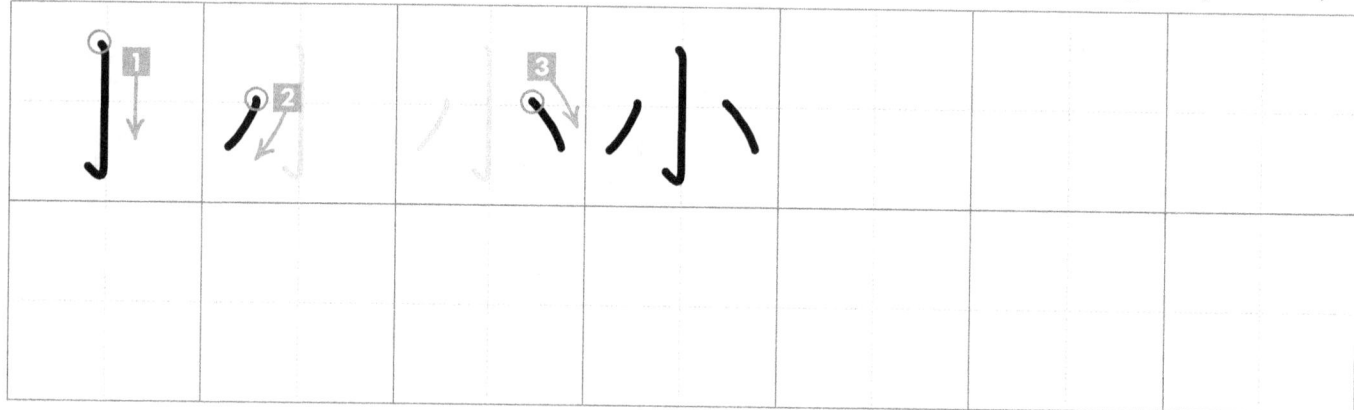

PRATICA

Traccia e pratica il Kanji qui sotto

STILI　　小　小　小　小　小　小　小　小

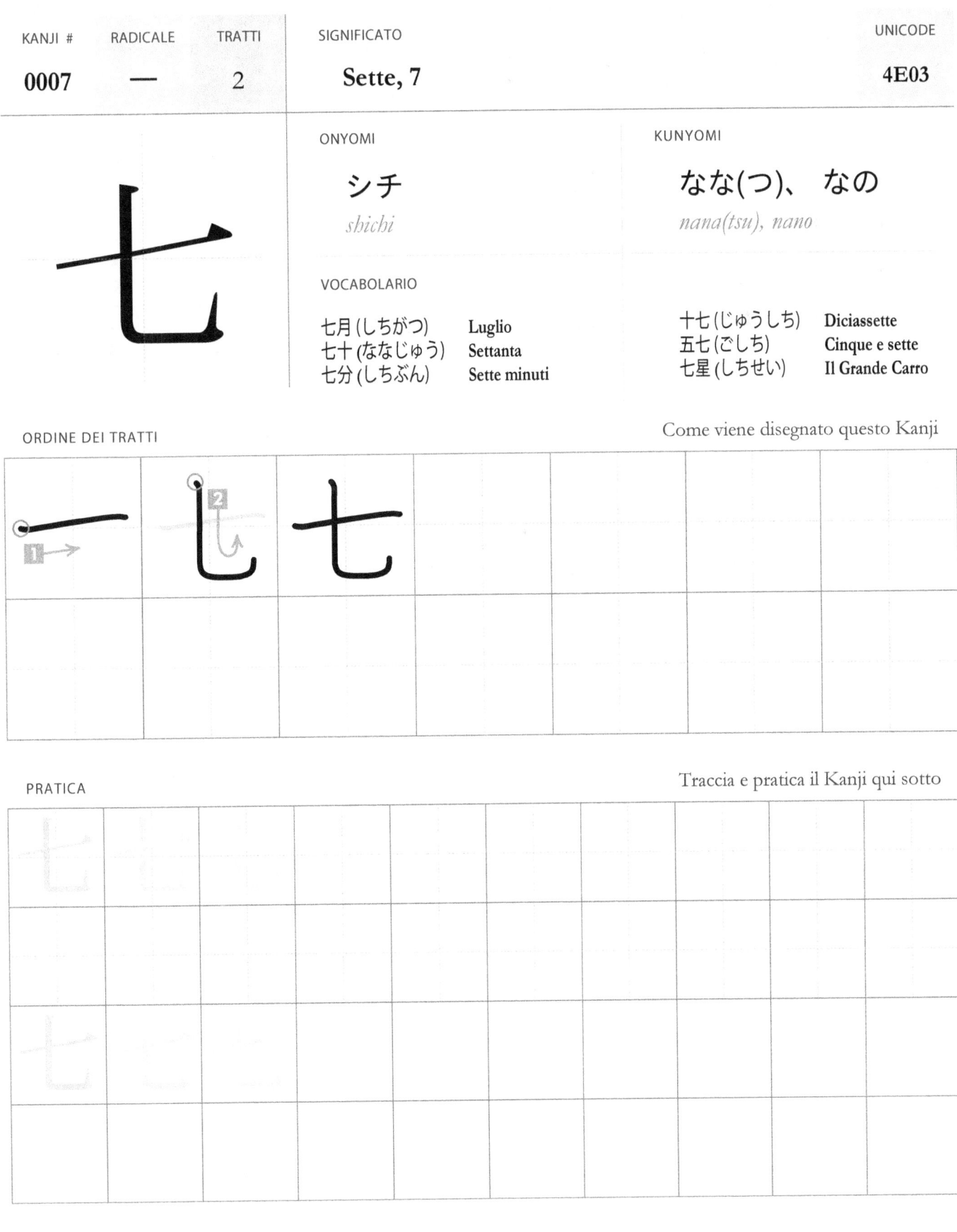

ONYOMI

シチ

shichi

KUNYOMI

なな(つ)、なの

nana(tsu), nano

VOCABOLARIO

七月 (しちがつ)	Luglio
七十 (ななじゅう)	Settanta
七分 (しちぶん)	Sette minuti

十七 (じゅうしち)	Diciassette
五七 (ごしち)	Cinque e sette
七星 (しちせい)	Il Grande Carro

ORDINE DEI TRATTI

Come viene disegnato questo Kanji

PRATICA

Traccia e pratica il Kanji qui sotto

STILI 七 七 七 七 七 七 七 七

KANJI #	RADICALE	TRATTI	SIGNIFICATO	UNICODE
0830	山	3	**Montagna**	**5C71**

山

ONYOMI

サン、セン

san, sen

KUNYOMI

やま

yama

VOCABOLARIO

山間 (さんかん)　Tra le montagne
山脈 (さんみゃく)　Catena montuosa
山岳 (さんがく)　Montagne

火山 (かざん)　Vulcano
登山 (とざん)　Scalare le montagne
本山 (ほんざん)　Tempie

ORDINE DEI TRATTI　　　　　　　　　　　　　　　　Come viene disegnato questo Kanji

PRATICA　　　　　　　　　　　　　　　　Traccia e pratica il Kanji qui sotto

STILI　　山　山　山　山　山　山　山　山

KANJI #	RADICALE	TRATTI	SIGNIFICATO	UNICODE
0368	言	13	Racconto, parlare	8A71

話

ONYOMI

ワ

wa

KUNYOMI

はな(す)、はなし

hana(su), hanashi

VOCABOLARIO

話題 (わだい) **Argomento; materia**
話中 (はなしちゅう) **Occupato (telefono)**
話々 (はなしばなし) **Chiacchierata**

会話 (かいわ) **Conversazione**
世話 (せわ) **Prendersi cura**
神話 (しんわ) **Mito; leggenda**

ORDINE DEI TRATTI

Come viene disegnato questo Kanji

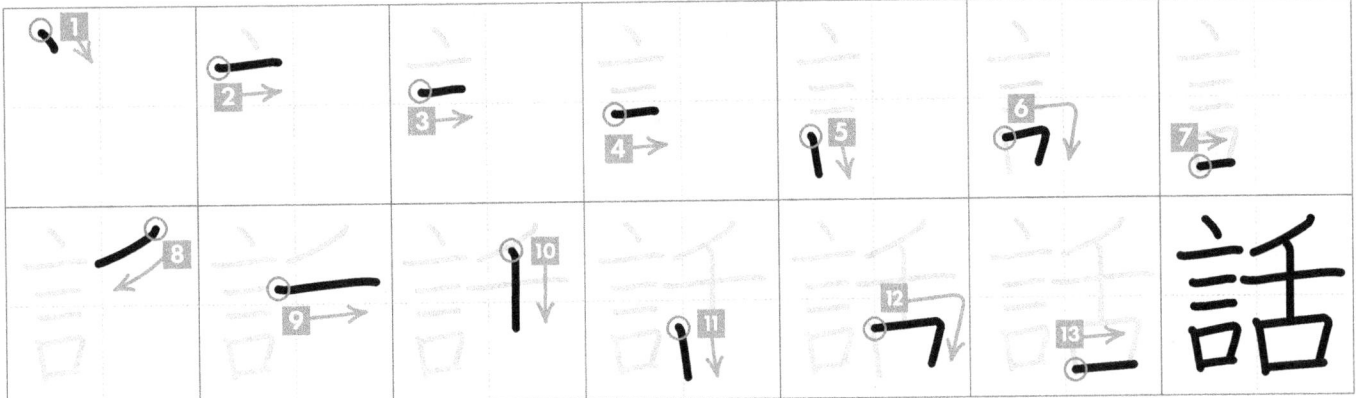

PRATICA

Traccia e pratica il Kanji qui sotto

STILI 話 話 話 話 話 話 話 話

KANJI #	RADICALE	TRATTI	SIGNIFICATO		UNICODE
0102	女	3	**Donna; femmina**		**5973**

女

ONYOMI

ジョ
jo

KUNYOMI

おんな、め
onnna, me

VOCABOLARIO

女神 (めがみ)	Dea	彼女 (かのじょ)	Lei, suo
女子 (じょし)	Donna; ragazza	男女 (だんじょ)	Uomini e donne
女優 (じょゆう)	Attrice	王女 (おうじょ)	Principessa

ORDINE DEI TRATTI

Come viene disegnato questo Kanji

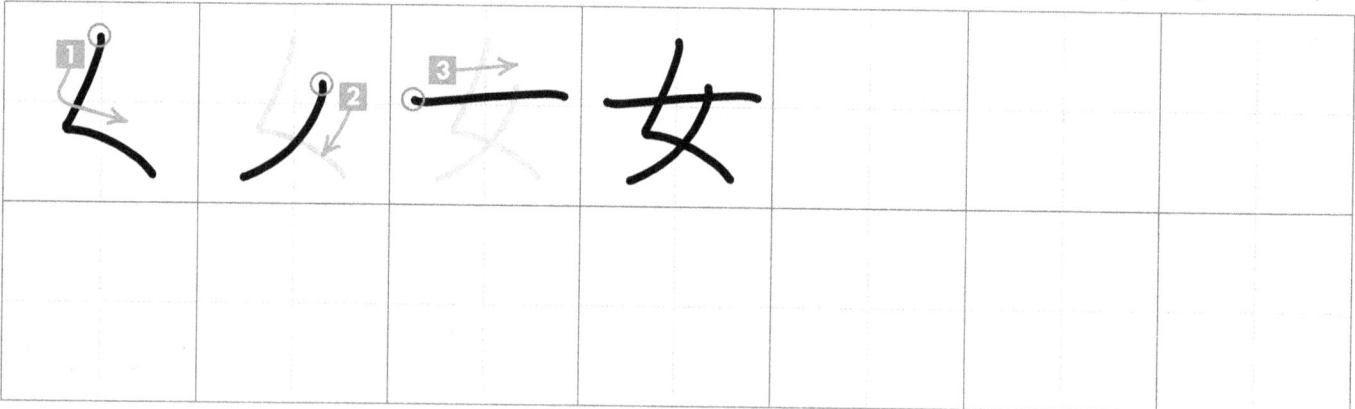

PRATICA

Traccia e pratica il Kanji qui sotto

STILI 女 女 女 女 女 女 女 女

KANJI #	RADICALE	TRATTI	SIGNIFICATO	UNICODE
0480	ヒ	5	**Nord**	5317

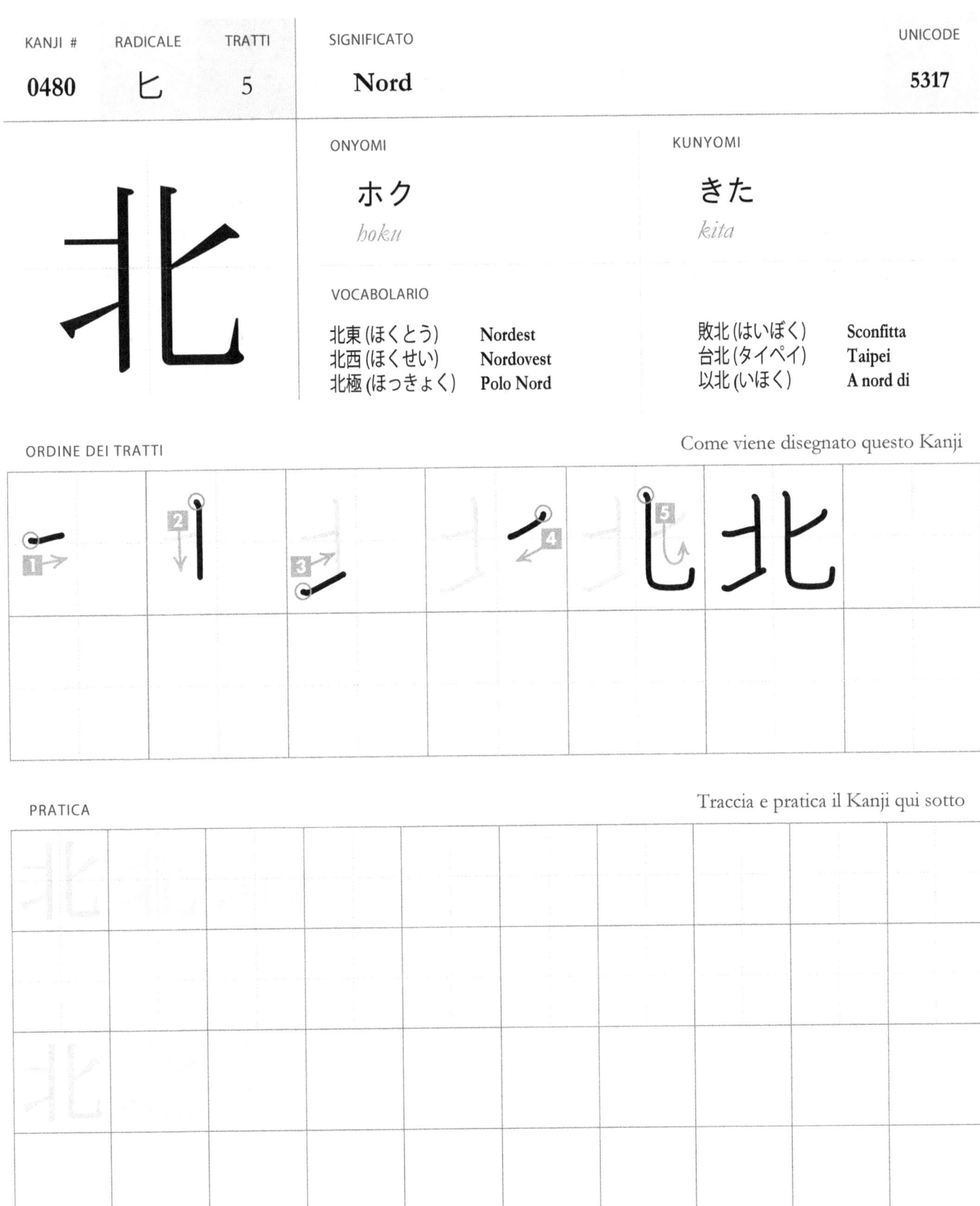

ONYOMI

ホク

hoku

KUNYOMI

きた

kita

VOCABOLARIO

北東 (ほくとう)	Nordest
北西 (ほくせい)	Nordovest
北極 (ほっきょく)	Polo Nord

敗北 (はいぼく)	Sconfitta
台北 (タイペイ)	Taipei
以北 (いほく)	A nord di

ORDINE DEI TRATTI

Come viene disegnato questo Kanji

PRATICA

Traccia e pratica il Kanji qui sotto

STILI   北 北 北 北 北 北 北 北

KANJI #	RADICALE	TRATTI	SIGNIFICATO	UNICODE
0610	十	4	**Mezzogiorno, segno del cavallo**	5348

午

ONYOMI

ゴ
go

KUNYOMI

うま
uma

VOCABOLARIO

午後 (ごご) — Pomeriggio
午前 (ごぜん) — Mattina
午飯 (ごはん) — Pranzo

亭午 (ていご) — Mezzogiorno
子午環 (しごかん) — Cerchio meridiano
午睡 (ごすい) — Pisolino

ORDINE DEI TRATTI

Come viene disegnato questo Kanji

PRATICA

Traccia e pratica il Kanji qui sotto

STILI 午 午 午 午 午 午 午 午

KANJI #	RADICALE	TRATTI	SIGNIFICATO	UNICODE
0038	白	6	**Cento**	767E

ONYOMI

ヒャク、ビャク

hyaku, byaku

KUNYOMI

もも

momo

VOCABOLARIO

百万 (ひゃくまん) Un milione
百姓 (ひゃくしょう) Fattore; contadino
百年 (ひゃくねん) Secolo

何百 (なんびゃく) Centinaia
二百 (にひゃく) Duecento
四百 (よんひゃく) Quattrocento

ORDINE DEI TRATTI

Come viene disegnato questo Kanji

PRATICA

Traccia e pratica il Kanji qui sotto

STILI 百 百 百 百 百 百 百 百

KANJI #	RADICALE	TRATTI	SIGNIFICATO		UNICODE
0349	日	10	**Scrivere**		**66F8**

書

ONYOMI

ショ
sho

KUNYOMI

か(く)
kaku

VOCABOLARIO

書類 (しょるい)   Documenti
書店 (しょてん)   Libreria;
               negozio di libri
書物 (しょもつ)   Libri

読書 (どくしょ)   Leggere
辞書 (じしょ)   Dizionario
白書 (はくしょ)   Carta bianca

ORDINE DEI TRATTI

Come viene disegnato questo Kanji

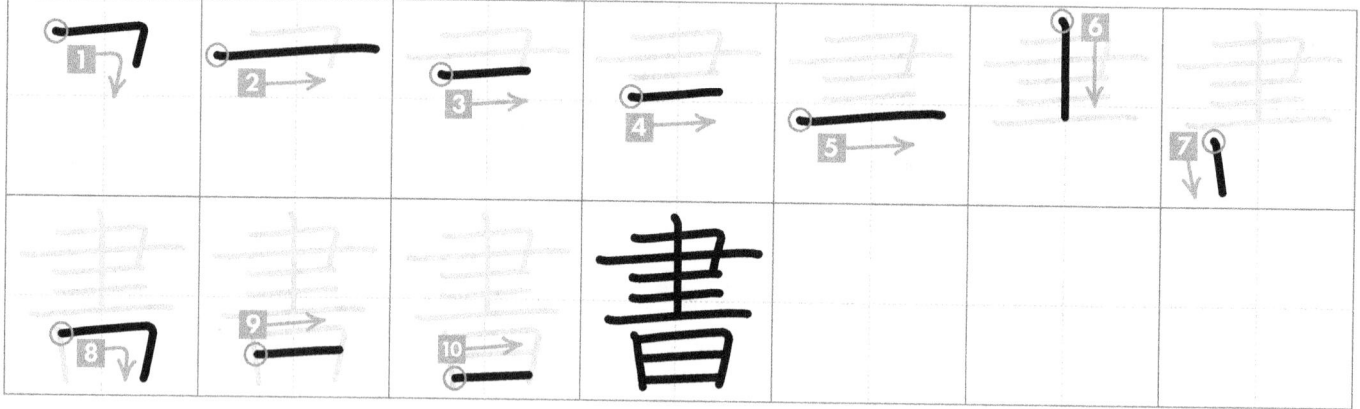

PRATICA

Traccia e pratica il Kanji qui sotto

STILI   書 書 書 書 書 書 書 書

先

ONYOMI

セン

sen

KUNYOMI

さき、ま(ず)

saki, ma(zu)

VOCABOLARIO

先生 (せんせい) — Insegnante, maestro
先月 (せんげつ) — Ultimo mese
先祖 (せんぞ) — Antenato

出先 (でさき) — Destinazione propria
目先 (めさき) — Futuro prossimo

ORDINE DEI TRATTI

Come viene disegnato questo Kanji

PRATICA

Traccia e pratica il Kanji qui sotto

STILI   先 先 先 先 先 先 先 先

KANJI #	RADICALE	TRATTI	SIGNIFICATO	UNICODE
0117	口	6		

Nome, notato, distinto, reputazione

540D

名

ONYOMI

メイ、ミョウ

mei, myou

KUNYOMI

な

na

VOCABOLARIO

名人 (めいじん)	**Maestro; esperto**	有名 (ゆうめい)	**Famoso**
名字 (みょうじ)	**Cognome**	本名 (ほんみょう)	**Nome vero**
名作 (めいさく)	**Capolavoro**	題名 (だいめい)	**Titolo**

ORDINE DEI TRATTI

Come viene disegnato questo Kanji

PRATICA

Traccia e pratica il Kanji qui sotto

STILI 名 名 名 名 名 名 名 名

KANJI #	RADICALE	TRATTI	SIGNIFICATO	UNICODE
0134	巛	3	Fiume, flusso	5DDD

ONYOMI

セン

sen

KUNYOMI

かわ

kawa

VOCABOLARIO

川口 (かわぐち)   **Foce del fiume**
川端 (かわばた)   **Argine del fiume**
川下 (かわしも)   **A valle**

河川 (かせん)   **Fiumi**
谷川 (たにがわ)   **Ruscello di montagna**
大川 (おおかわ)   **Grande fiume**

ORDINE DEI TRATTI

Come viene disegnato questo Kanji

PRATICA

Traccia e pratica il Kanji qui sotto

STILI   川 川 川 川 川 川 川 川

KANJI #	RADICALE	TRATTI	SIGNIFICATO	UNICODE
0040	十	3	**Mille**	**5343**

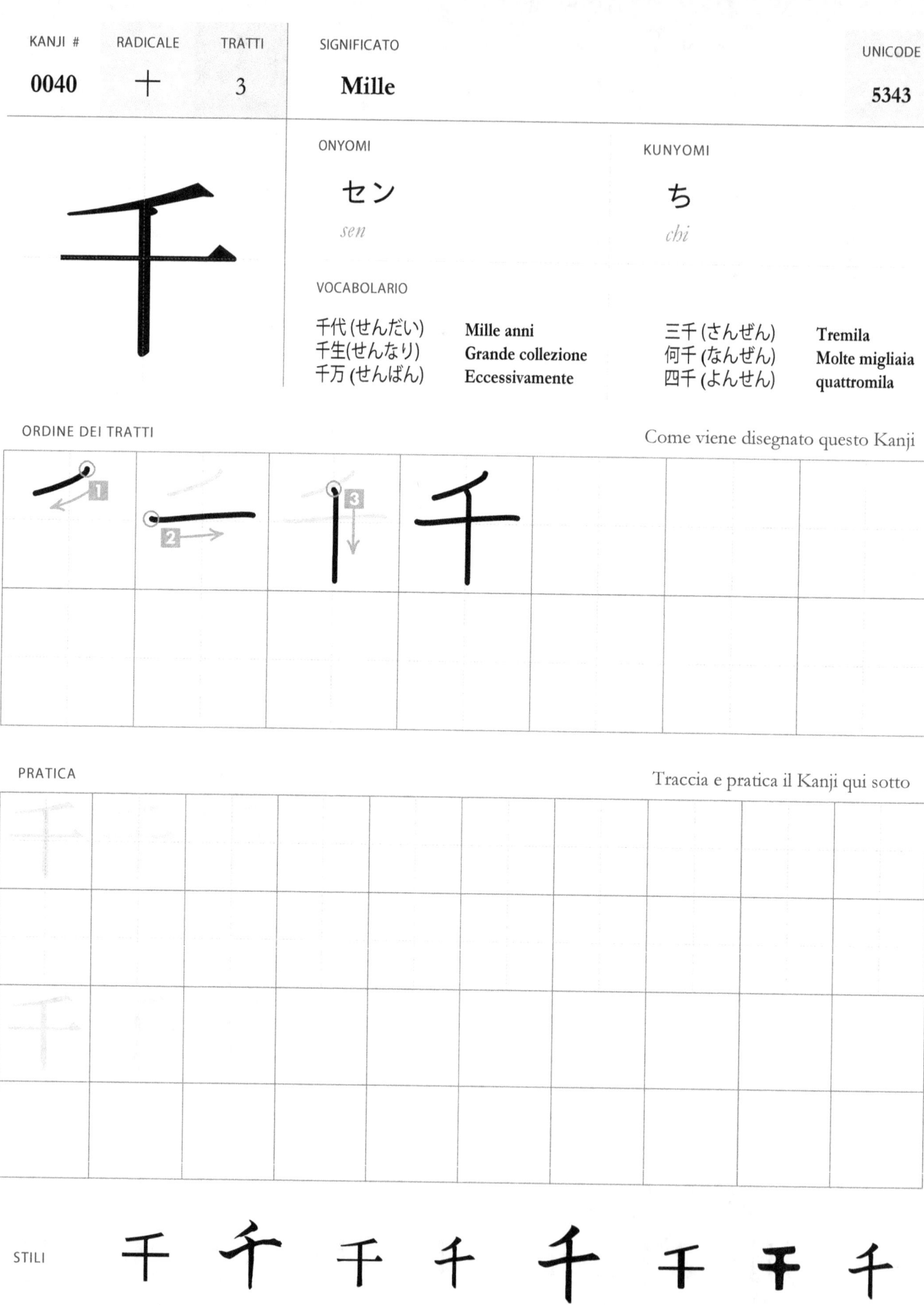

ONYOMI

セン

sen

KUNYOMI

ち

chi

VOCABOLARIO

千代 (せんだい)　Mille anni
千生 (せんなり)　Grande collezione
千万 (せんばん)　Eccessivamente

三千 (さんぜん)　Tremila
何千 (なんぜん)　Molte migliaia
四千 (よんせん)　quattromila

ORDINE DEI TRATTI　　　　　　　　　　Come viene disegnato questo Kanji

PRATICA　　　　　　　　　　Traccia e pratica il Kanji qui sotto

STILI　　千　千　千　千　千　千　千　千

78

KANJI #	RADICALE	TRATTI	SIGNIFICATO	UNICODE
0137	水	4	**Acqua**	6C34

水

ONYOMI

スイ
sui

KUNYOMI

みず
mizu

VOCABOLARIO

水道 (すいどう)　Fornitura d'acqua　下水 (げすい)　Scolo
水泳 (すいえい)　Nuotare　洪水 (こうずい)　Alluvione
水中 (すいちゅう)　Sott'acqua　海水 (かいすい)　Acqua
　　　　　　　　　　　　　　　　　dell'oceano

ORDINE DEI TRATTI

Come viene disegnato questo Kanji

PRATICA

Traccia e pratica il Kanji qui sotto

STILI　水　水　水　水　水　水　水　水

KANJI #	RADICALE	TRATTI	SIGNIFICATO	UNICODE
1286	十	5	**Metà, mezzo, numero dispari, semi-**	534A

ONYOMI

ハン

han

KUNYOMI

なか(ば)

naka(ba)

VOCABOLARIO

半年 (はんとし) **Metà anno**
半島 (はんとう) **Penisola**
半径 (はんけい) **Raggio**

大半 (たいはん) **Maggioranza**
後半 (こうはん) **Seconda metà**
前半 (ぜんはん) **Prima metà**

ORDINE DEI TRATTI   Come viene disegnato questo Kanji

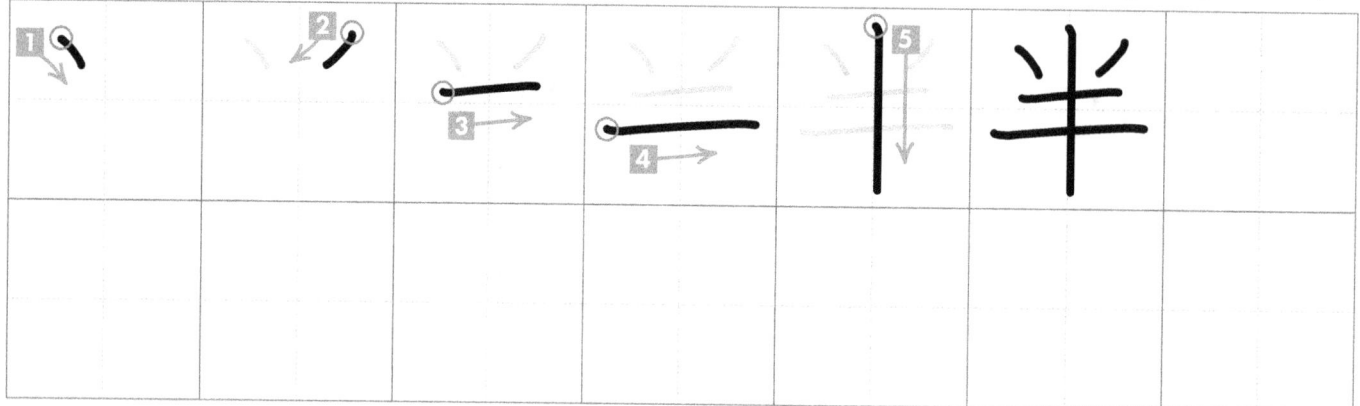

PRATICA   Traccia e pratica il Kanji qui sotto

STILI   半 半 半 半 半 半 半 半

KANJI #	RADICALE	TRATTI	SIGNIFICATO	UNICODE
0923	田	7	**Maschio, uomo**	7537

男

ONYOMI

ダン、ナン

dan, nan

KUNYOMI

おとこ、お

otoko, o

VOCABOLARIO

男子 (だんし) **Giovane; giovane uomo**

男前 (おとこまえ) **Uomo bello**

男優 (だんゆう) **Attore**

長男 (ちょうなん) **Figlio maggiore**

三男 (さんなん) **Tre figli**

次男 (じなん) **Secondo figlio**

ORDINE DEI TRATTI

Come viene disegnato questo Kanji

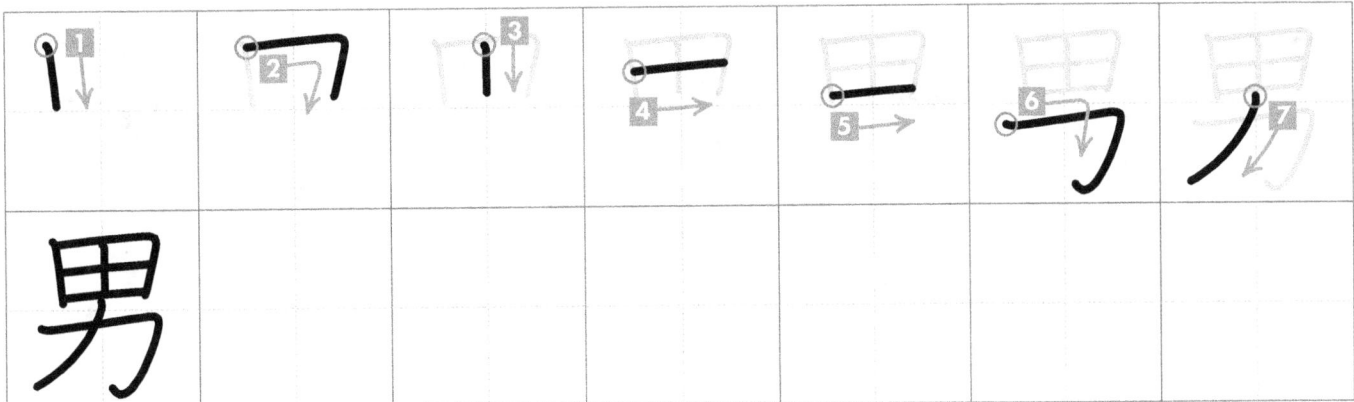

PRATICA

Traccia e pratica il Kanji qui sotto

STILI 男 男 男 男 男 男 男 男

SIGNIFICATO

Ovest

UNICODE

897F

ONYOMI

セイ、サイ

sei, sai

KUNYOMI

にし

nishi

VOCABOLARIO

西南 (せいなん)	Sud-ovest	東西 (とうざい)	Est e ovest
西口 (にしぐち)	Entrata ovest	北西 (ほくせい)	Nordovest
西北 (せいほく)	Nord-ovest	南西 (なんせい)	sudovest

ORDINE DEI TRATTI

Come viene disegnato questo Kanji

PRATICA

Traccia e pratica il Kanji qui sotto

STILI   西 西 西 西 西 西 西 西

KANJI #	RADICALE	TRATTI	SIGNIFICATO	UNICODE
0574	雨	13	Elettricità, elettrico	96FB

ONYOMI

デン

den

VOCABOLARIO

電車 (でんしゃ)　Treno elettrico
電話 (でんわ)　Chiamata telefonica
電力 (でんりょく)　Energia elettrica

終電 (しゅうでん)　Ultimo treno
外電 (がいでん)　Telegramma estero
送電 (そうでん)　Alimentazione elettrica

ORDINE DEI TRATTI

Come viene disegnato questo Kanji

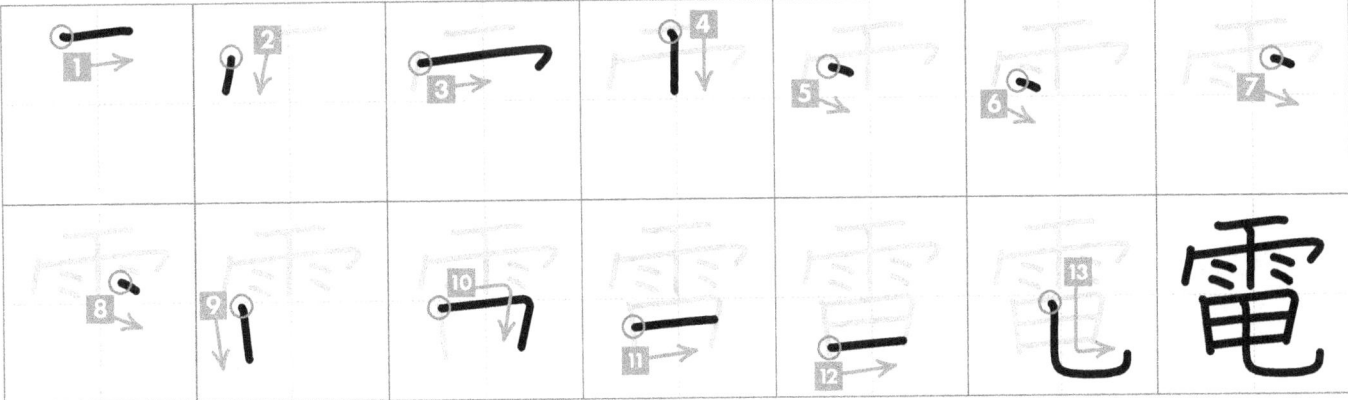

PRATICA

Traccia e pratica il Kanji qui sotto

STILI　電 電 電 電 電 電 電 電

KANJI #	RADICALE	TRATTI	SIGNIFICATO	UNICODE
1371	木	10	**Scuola**	**6821**

校

ONYOMI

コウ

kou

VOCABOLARIO

校長 (こうちょう)　Preside
校舎 (こうしゃ)　Edificio scolastico
校庭 (こうてい)　Cortile scolastico

母校 (ぼこう)　Alma mater
登校 (とうこう)　Andare a scuola
分校 (ぶんこう)　Scuola secondaria

ORDINE DEI TRATTI

Come viene disegnato questo Kanji

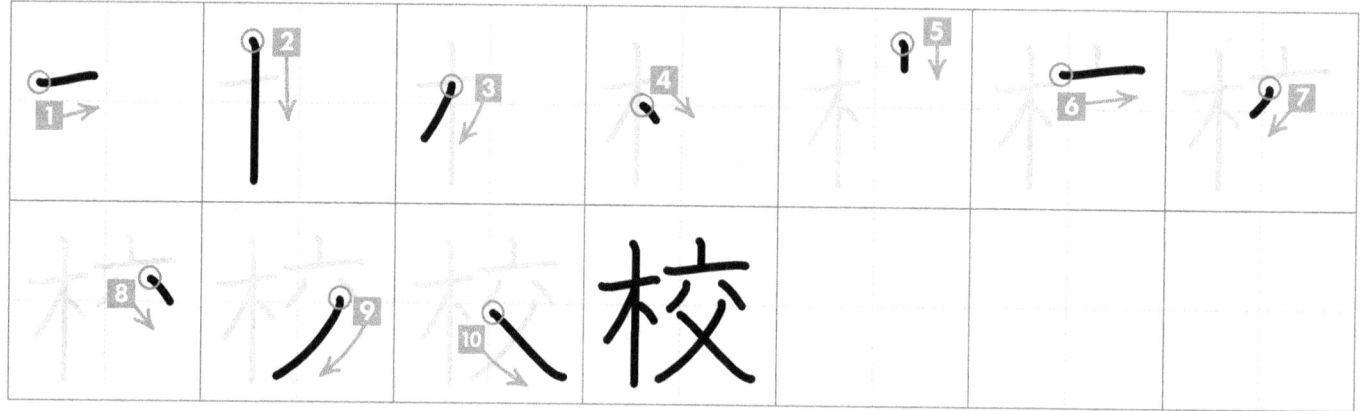

PRATICA

Traccia e pratica il Kanji qui sotto

STILI　校　校　校　校　校　校　校　校

KANJI #	RADICALE	TRATTI	SIGNIFICATO	UNICODE
0371	言	14	**Parola, discorso, lingua**	8A9E

ONYOMI

ゴ

go

KUNYOMI

かた(る)

kata(ru)

VOCABOLARIO

語学 (ごがく)	Studio della lingua	用語 (ようご)	Termine;
語句 (ごく)	Parole; frasi		terminologia
語気 (ごき)	Modo di parlare	物語 (ものがたり)	Racconto; storia
		国語 (こくご)	Lingua nazionale

ORDINE DEI TRATTI

Come viene disegnato questo Kanji

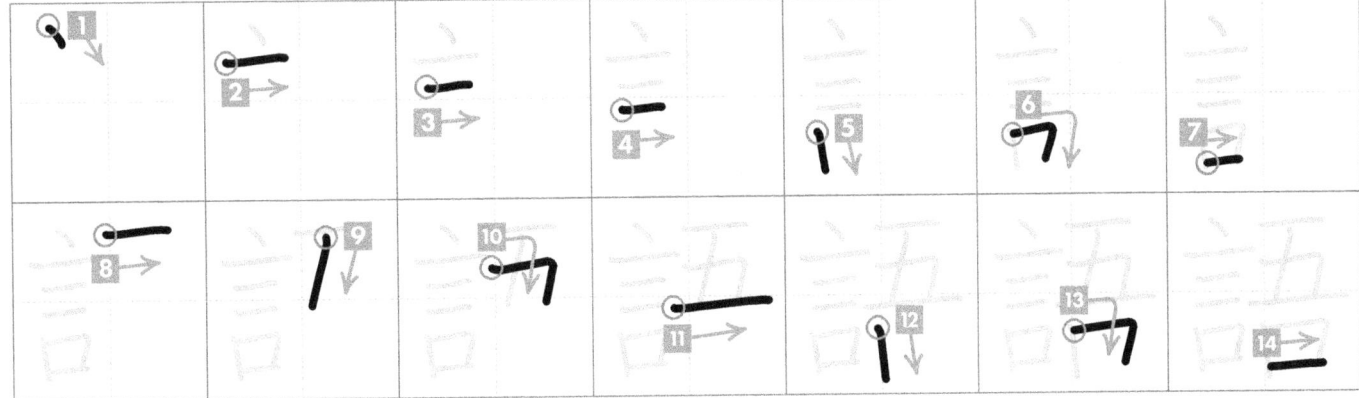

PRATICA

Traccia e pratica il Kanji qui sotto

STILI 語 語 語 語 語 語 語 語

KANJI #	RADICALE	TRATTI	SIGNIFICATO	UNICODE
0161	土	3	Suolo, terra, terreno	571F

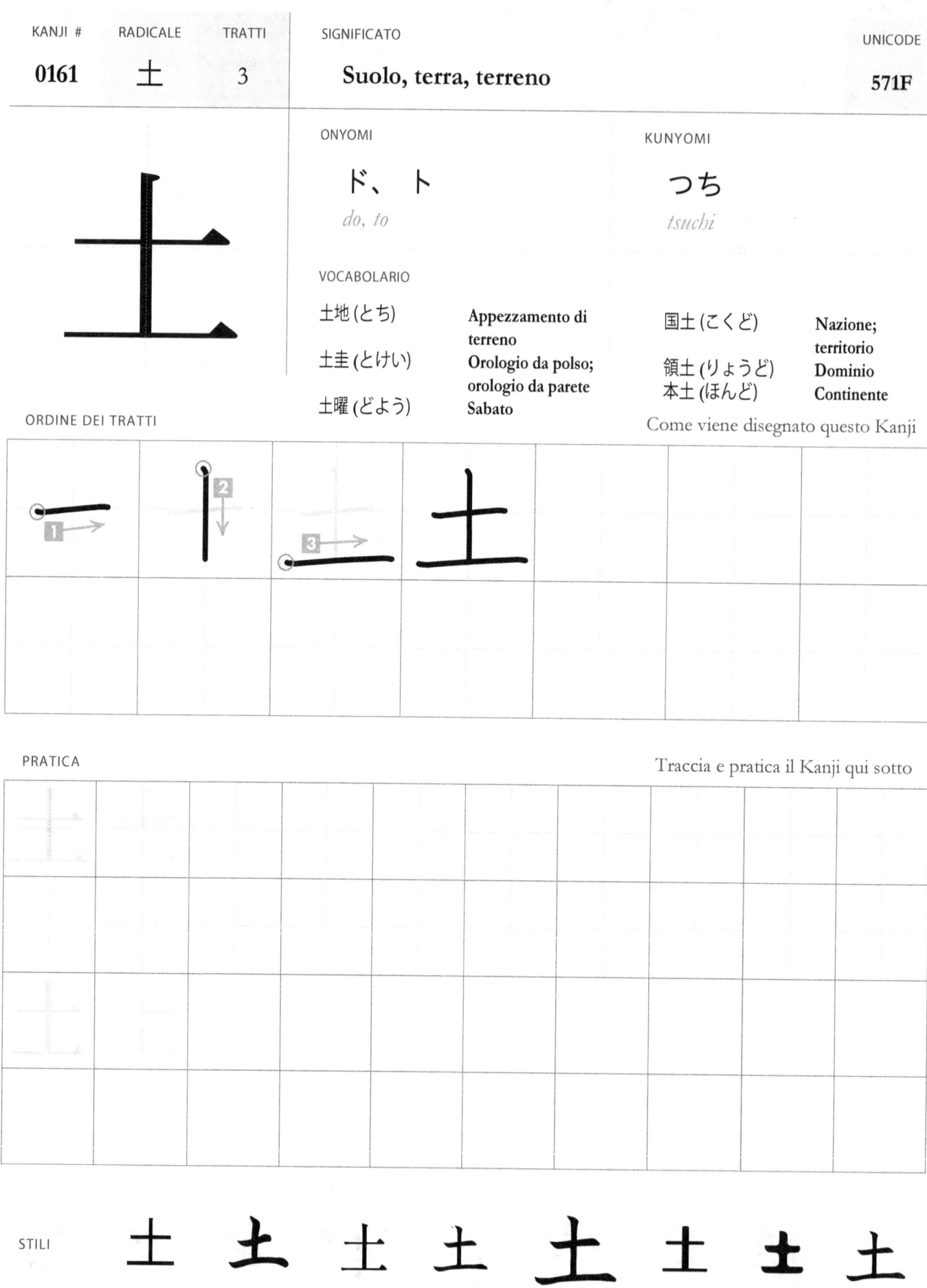

ONYOMI

ド、ト
do, to

KUNYOMI

つち
tsuchi

VOCABOLARIO

土地 (とち) — Appezzamento di terreno

土圭 (とけい) — Orologio da polso; orologio da parete

土曜 (どよう) — Sabato

国土 (こくど) — Nazione; territorio

領土 (りょうど) — Dominio

本土 (ほんど) — Continente

ORDINE DEI TRATTI

Come viene disegnato questo Kanji

PRATICA

Traccia e pratica il Kanji qui sotto

STILI   土 土 土 土 土 土 土 土

KANJI #	RADICALE	TRATTI	SIGNIFICATO	UNICODE
0207	木	4	**Albero, legno**	6728

ONYOMI

ボク、モク
boku, moku

KUNYOMI

き、こ-
ki, ko

VOCABOLARIO

木曜 (もくよう) — Giovedì
木材 (もくざい) — Tronco; legname
木立 (こだち) — Boschetto

土木 (どぼく) — Lavori ingegneristici
大木 (たいぼく) — Grande albero
並木 (なみき) — Strada alberata

ORDINE DEI TRATTI

Come viene disegnato questo Kanji

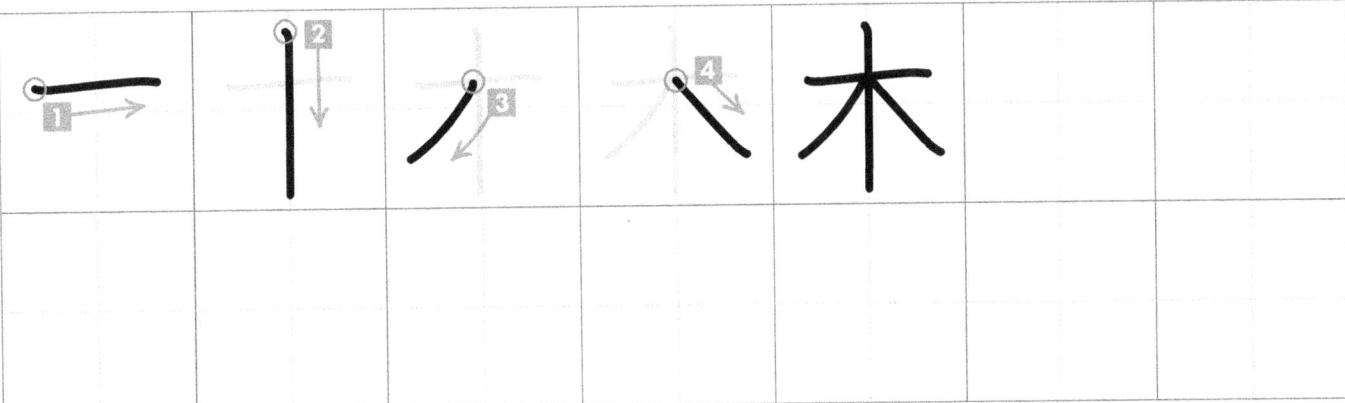

PRATICA

Traccia e pratica il Kanji qui sotto

STILI　　　木　木　木　木　木　木　✳　木

KANJI #	RADICALE	TRATTI	SIGNIFICATO	UNICODE
1754	耳	14	Sentire, ascoltare, chiedere	805E

聞

ONYOMI

ブン、モン

bun, mon

KUNYOMI

き(く)

ki(ku)

VOCABOLARIO

聞く (き)	Sentire; ascoltare	新聞 (しんぶん)	Giornale
聞き (き)	Ascolto	見聞 (けんぶん)	Informazione
聞ゆる (きこ)	Famoso; celebrato	聴聞 (ちょうもん)	Ascoltare; sentire

ORDINE DEI TRATTI

Come viene disegnato questo Kanji

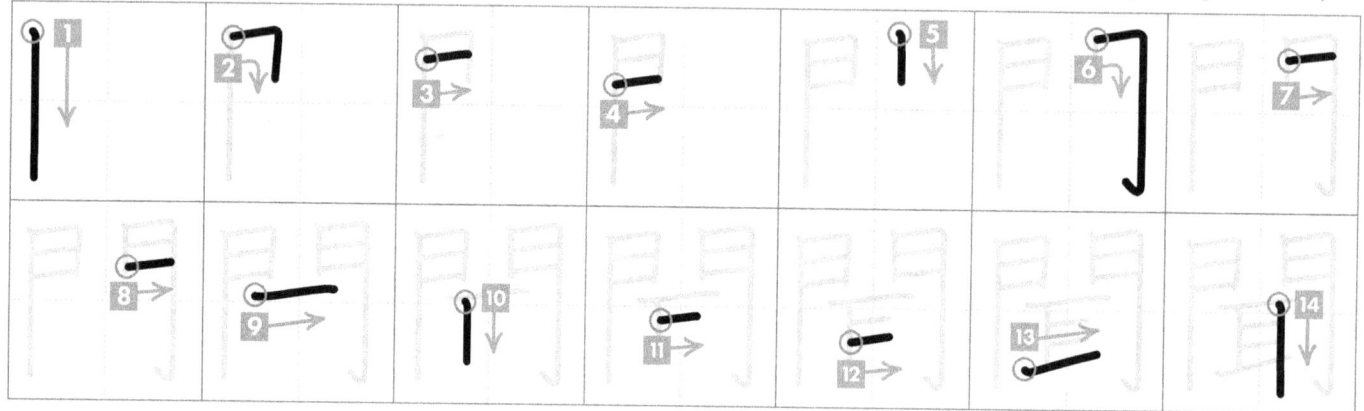

PRATICA

Traccia e pratica il Kanji qui sotto

STILI 聞 聞 聞 聞 聞 聞 聞 聞

KANJI #	RADICALE	TRATTI	SIGNIFICATO	UNICODE
1582	食	9	**Mangiare, cibo**	**98DF**

ONYOMI

ショク、ジキ

shoku, jiki

KUNYOMI

く(う)、た(べる)、
は(む)

k(u), ta(beru), ha(mu)

VOCABOLARIO

食事 (しょくじ)　Pasto
食品 (しょくひん)　Cibo; cibi
食堂 (しょくどう)　Sala da pranzo

夕食 (ゆうしょく)　Cena
昼食 (ちゅうしょく)　Pranzo
朝食 (ちょうしょく)　Colazione

ORDINE DEI TRATTI　　　　Come viene disegnato questo Kanji

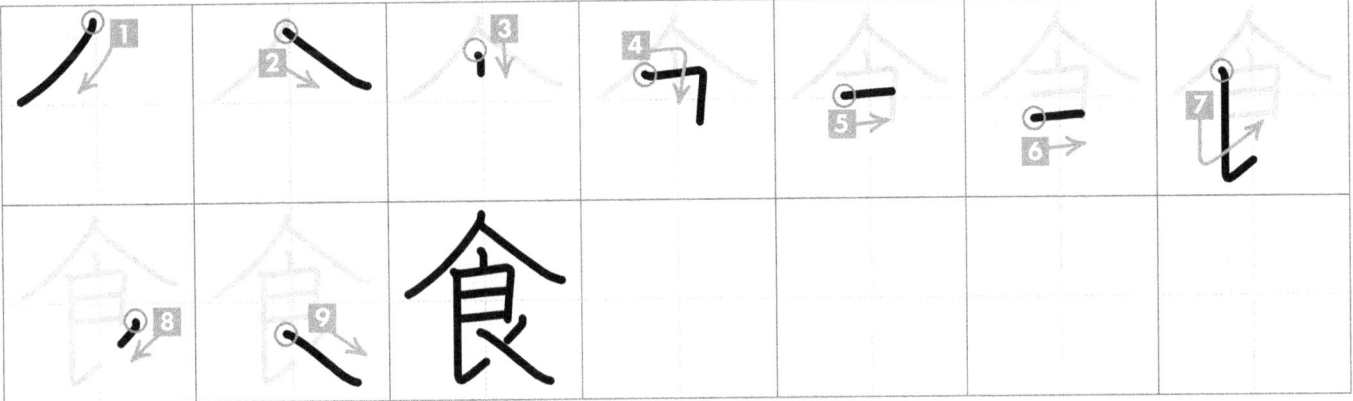

PRATICA　　　　Traccia e pratica il Kanji qui sotto

STILI　　食　食　食　食　食　食　食　食

KANJI #	RADICALE	TRATTI	SIGNIFICATO	UNICODE
0304	車	7	**Auto, ruota**	**8ECA**

車

ONYOMI

シャ
sha

KUNYOMI

くるま
kuruma

VOCABOLARIO

車輪 (しゃりん) — Ruota (macchina)
車庫 (しゃこ) — Garage; posto auto
車内 (しゃない) — Dentro un treno, auto, ecc

電車 (でんしゃ) — Treno; treno elettrico
自動車 (じどうしゃ) — Automobile
駐車 (ちゅうしゃ) — Parcheggio

ORDINE DEI TRATTI

Come viene disegnato questo Kanji

  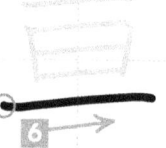 

車

PRATICA

Traccia e pratica il Kanji qui sotto

STILI 車 車 車 車 車 車 車 車

KANJI #	RADICALE	TRATTI	SIGNIFICATO	UNICODE
1087	人	7	**Cosa**	**4F55**

何

ONYOMI

カ
ka

KUNYOMI

なに、なん
nani, nan

VOCABOLARIO

何時 (いつ)	**Quando; quanto presto**	如何 (どう)	**Come; in che modo**
何処 (どこ)	**Dove; quale posto**	幾何 (きか)	**Geometria**
何か (なに)	**Qualcosa**	何々 (なになに)	**Qual è il problema**

ORDINE DEI TRATTI

Come viene disegnato questo Kanji

Traccia e pratica il Kanji qui sotto

PRATICA

STILI 何 何 何 何 何 何 何

KANJI #	RADICALE	TRATTI	SIGNIFICATO	UNICODE
1740	十	9	Sud	5357

南

ONYOMI

ナン、ナ

nan, na

KUNYOMI

みなみ

minami

VOCABOLARIO

南北 (なんぼく)　Nord e sud
南西 (なんせい)　Sudovest
南東 (なんとう)　Sudest

東南 (とうなん)　Sud-est
西南 (せいなん)　Sud-ovest
真南 (まみなみ)　Verso sud

ORDINE DEI TRATTI

Come viene disegnato questo Kanji

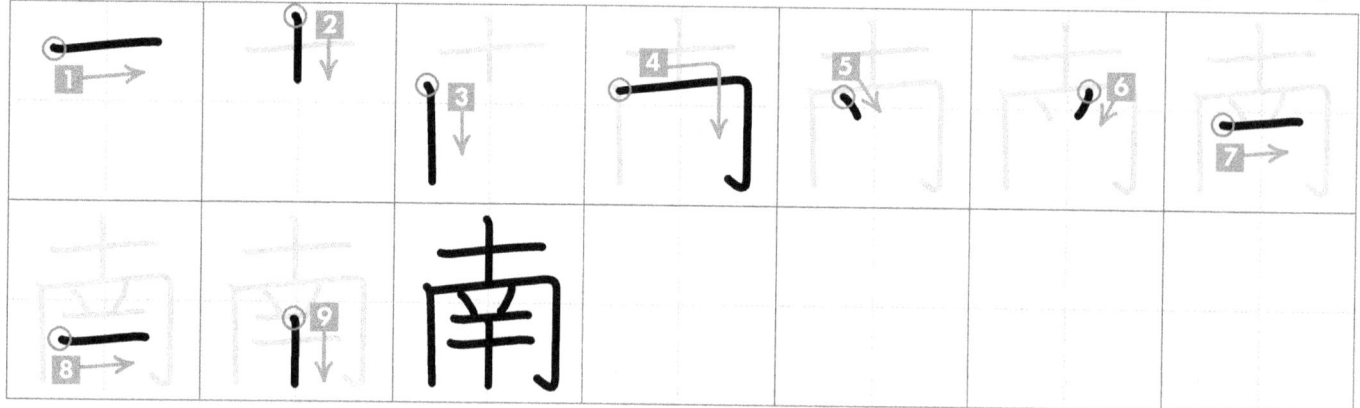

PRATICA

Traccia e pratica il Kanji qui sotto

STILI　南　南　南　南　南　南　南

KANJI #	RADICALE	TRATTI	SIGNIFICATO	UNICODE
0068	一	3	**Verso sud**	4E07

万

ONYOMI

マン、バン

man, ban

VOCABOLARIO

万一 (まんいち)　emergenza
万人 (ばんにん)　Tutti; chiunque
万能 (ばんのう)　Per tutti gli usi;
　　　　　　　　utilità

百万 (ひゃくまん)　Per tutti gli usi; utilità
十万 (じゅうまん)　centomila
億万 (おくまん)　Milioni e milioni

ORDINE DEI TRATTI

Come viene disegnato questo Kanji

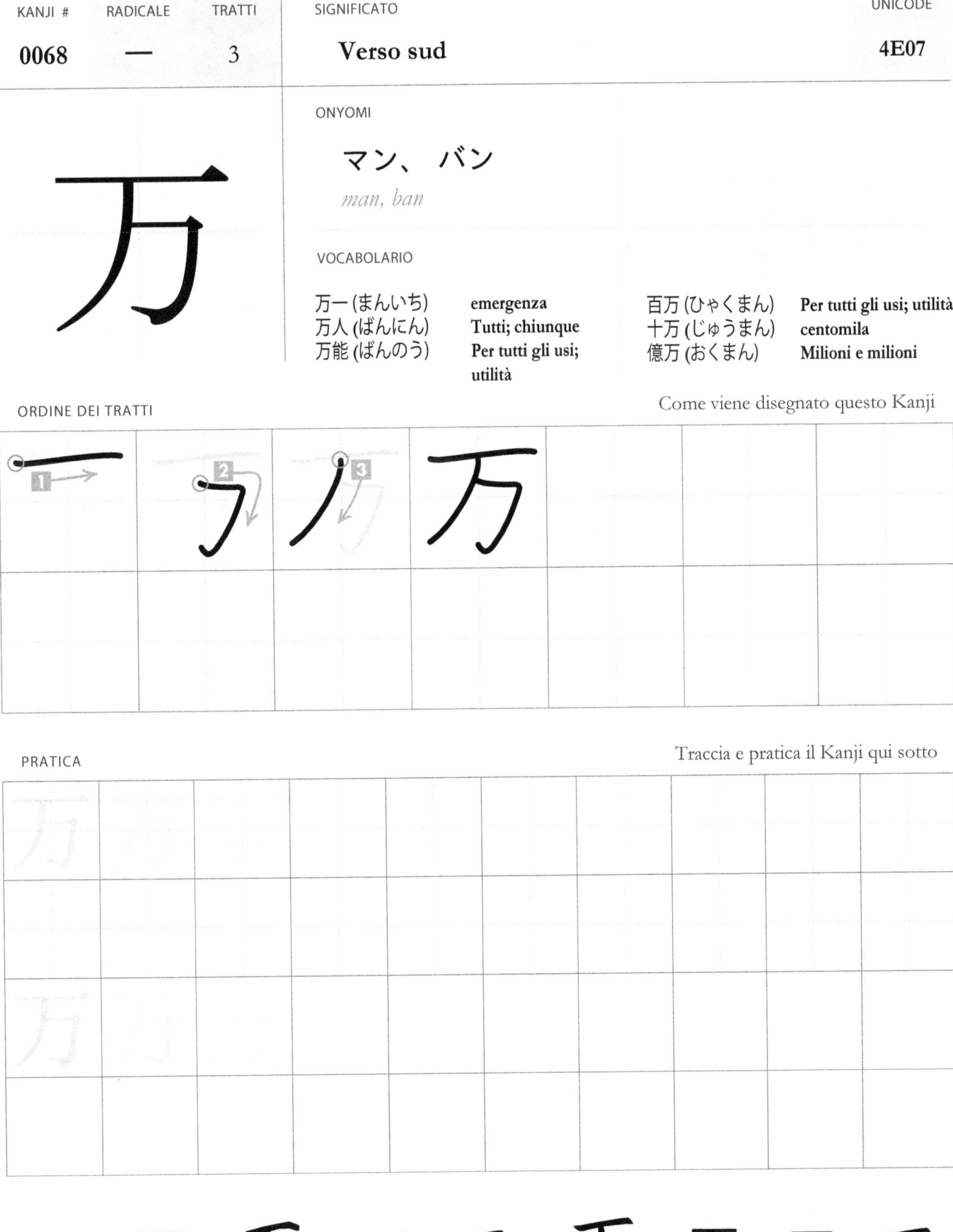

PRATICA

Traccia e pratica il Kanji qui sotto

STILI　万　万　万　万　万　万　万　万

93

KANJI #	RADICALE	TRATTI	SIGNIFICATO	UNICODE
0497	毋	6	**Ogni**	**6BCE**

ONYOMI

マイ

mai

KUNYOMI

ごと(に)

goto(ni)

VOCABOLARIO

毎日 (まいにち)	Ogni giorno	丸毎 (まるごと)	Nella sua interezza
毎月 (まいつき)	Ogni mese	人毎 (ひとごと)	Con ogni persona
毎年 (まいとし)	Ogni anno	毎回 (まいかい)	Ogni volta

ORDINE DEI TRATTI

Come viene disegnato questo Kanji

PRATICA

Traccia e pratica il Kanji qui sotto

STILI 毎 毎 毎 毎 毎 毎 毎 毎

KANJI #	RADICALE	TRATTI	SIGNIFICATO	UNICODE
0037	白	5	**Bianco**	**767D**

白

ONYOMI

ハク、ビャク

haku, byaku

KUNYOMI

しろ(い)

shiro(i)

VOCABOLARIO

白書 (はくしょ) — Carta bianca
白銀 (しろがね) — Argento (ag)
白髪 (しらが) — Capelli bianchi; capelli grigi

告白 (こくはく) — Confessione
真っ白 (まっしろ) — Bianco puro; vuoto
空白 (くうはく) — Spazio vuoto

ORDINE DEI TRATTI

Come viene disegnato questo Kanji

PRATICA

Traccia e pratica il Kanji qui sotto

STILI   白 白 白 白 白 白 白 白

KANJI #	RADICALE	TRATTI	SIGNIFICATO	UNICODE
0457	大	4	**Cieli, cielo, imperiale**	5929

天

ONYOMI

テン

ten

KUNYOMI

あまつ, あめ, てん

amatsu, ame, ama

VOCABOLARIO

天気 (てんき) — Tempo atmosferico
天国 (てんごく) — Paradiso; cielo
天井 (てんじょう) — Soffitto; prezzo massimo

雨天 (うてん) — Tempo piovoso
楽天 (らくてん) — Ottimismo
炎天 (えんてん) — Caldo cocente

ORDINE DEI TRATTI

Come viene disegnato questo Kanji

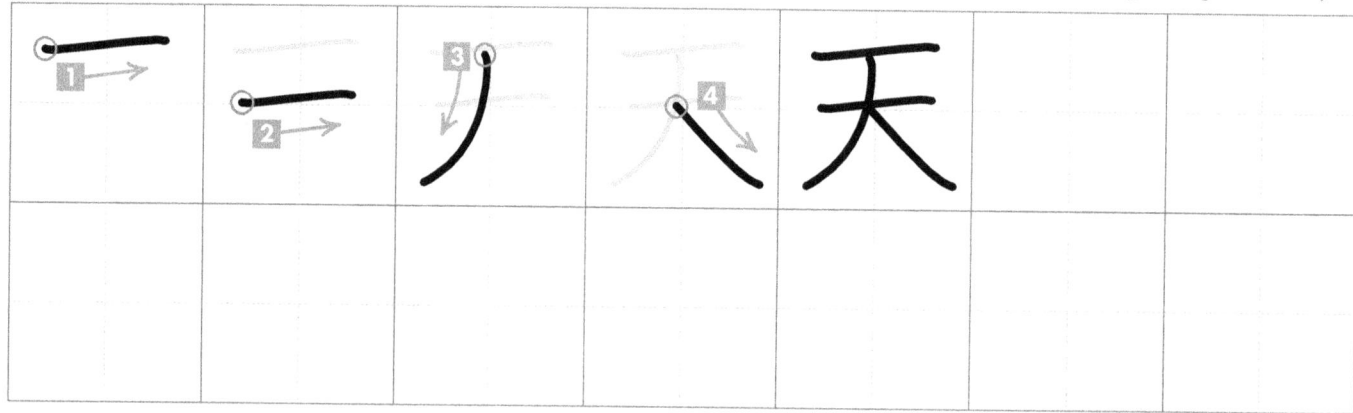

PRATICA

Traccia e pratica il Kanji qui sotto

STILI 天 天 天 天 天 天 天 天

KANJI #	RADICALE	TRATTI	SIGNIFICATO		UNICODE
0105	毋	5	**Madre**		**6BCD**

ONYOMI

ボ

bo

KUNYOMI

はは、かあ

haha, kaa

VOCABOLARIO

母校 (ぼこう)　　**Alma mater**
母子 (ぼし)　　　**Madre e figlio**
母国 (ぼこく)　　**La propria patria**

祖母 (そぼ)　　**Nonna**
父母 (ふぼ)　　**Padre e madre**
分母 (ぶんぼ)　**denominatore**

ORDINE DEI TRATTI　　　　　　　　　　Come viene disegnato questo Kanji

PRATICA　　　　　　　　　　Traccia e pratica il Kanji qui sotto

STILI　　母　母　母　母　母　母　母　母

97

KANJI #	RADICALE	TRATTI	SIGNIFICATO	UNICODE
0173	火	4	**Fuoco**	**706B**

火

ONYOMI

カ
ka

KUNYOMI

ひ、-び、ほ-
hi, bi, ho

VOCABOLARIO

火山 (かざん) — **Vulcano**
火曜 (かよう) — **Martedì**
火星 (かせい) — **Marte (pianeta)**

花火 (はなび) — **Fuochi d'artificio**
灯火 (あかり) — **Luce; bagliore**
噴火 (ふんか) — **eruzione**

ORDINE DEI TRATTI

Come viene disegnato questo Kanji

PRATICA

Traccia e pratica il Kanji qui sotto

STILI 火 火 火 火 火 火 火 火

KANJI #	RADICALE	TRATTI	SIGNIFICATO	UNICODE
0082	口	5	**Destra**	53F3

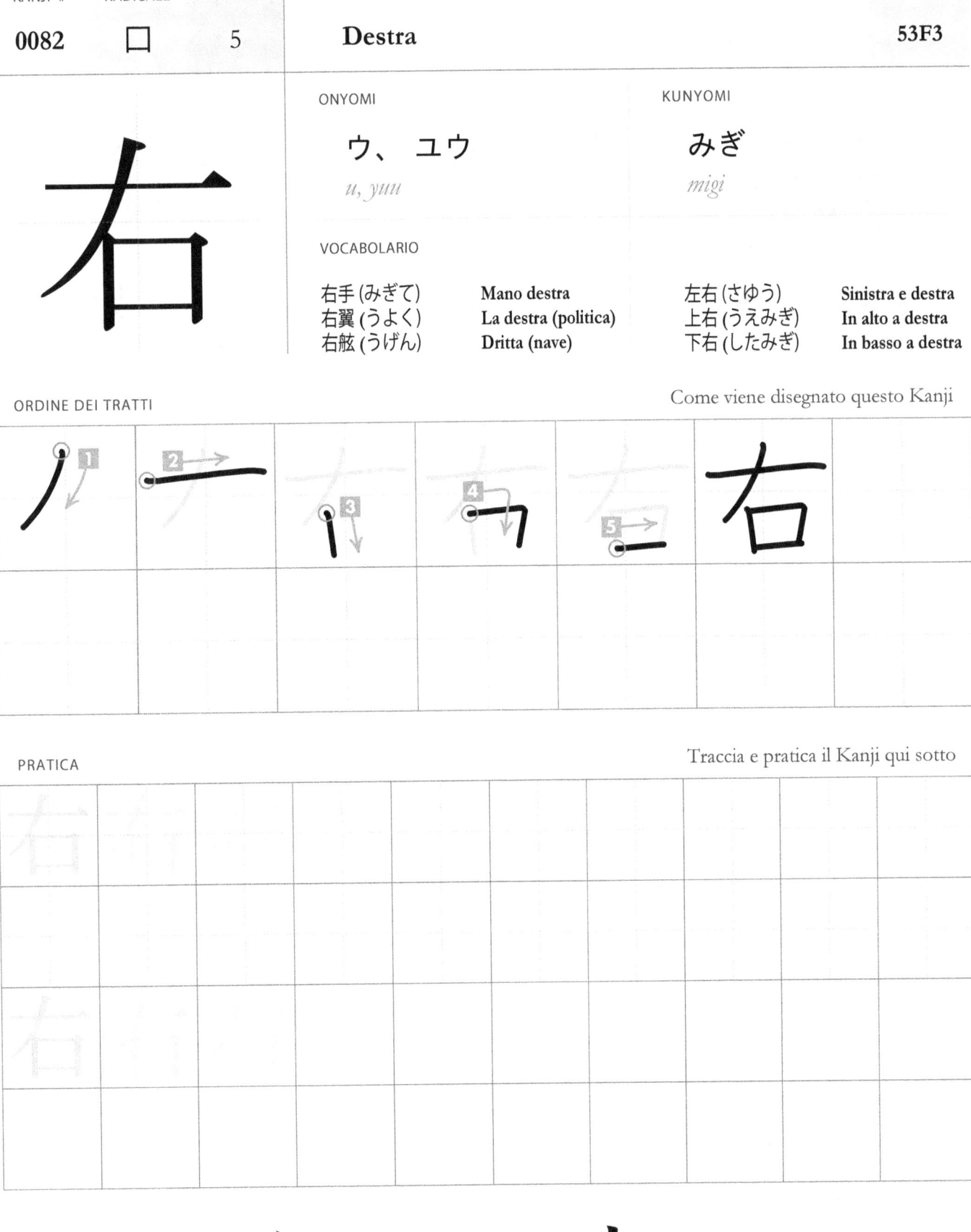

ONYOMI

ウ、ユウ

u, yuu

KUNYOMI

みぎ

migi

VOCABOLARIO

右手 (みぎて)	Mano destra	左右 (さゆう)	Sinistra e destra
右翼 (うよく)	La destra (politica)	上右 (うえみぎ)	In alto a destra
右舷 (うげん)	Dritta (nave)	下右 (したみぎ)	In basso a destra

ORDINE DEI TRATTI

Come viene disegnato questo Kanji

PRATICA

Traccia e pratica il Kanji qui sotto

STILI 右 右 右 右 右 右 右 右

KANJI #	RADICALE	TRATTI	SIGNIFICATO	UNICODE
0372	言	14	**Leggere**	**8AAD**

読

ONYOMI

ドク、トク、トウ
doku, toku, tou

KUNYOMI

よ(む)
yo(mu)

VOCABOLARIO

読書 (どくしょ)	**Lettura**	一読 (いちどく)	**Lettura**
読者 (どくしゃ)	**Lettore**	解読 (かいどく)	**Decifrare**
読本 (とくほん)	**Libro da leggere**	下読 (したよみ)	**Prova (teatrale)**

ORDINE DEI TRATTI

Come viene disegnato questo Kanji

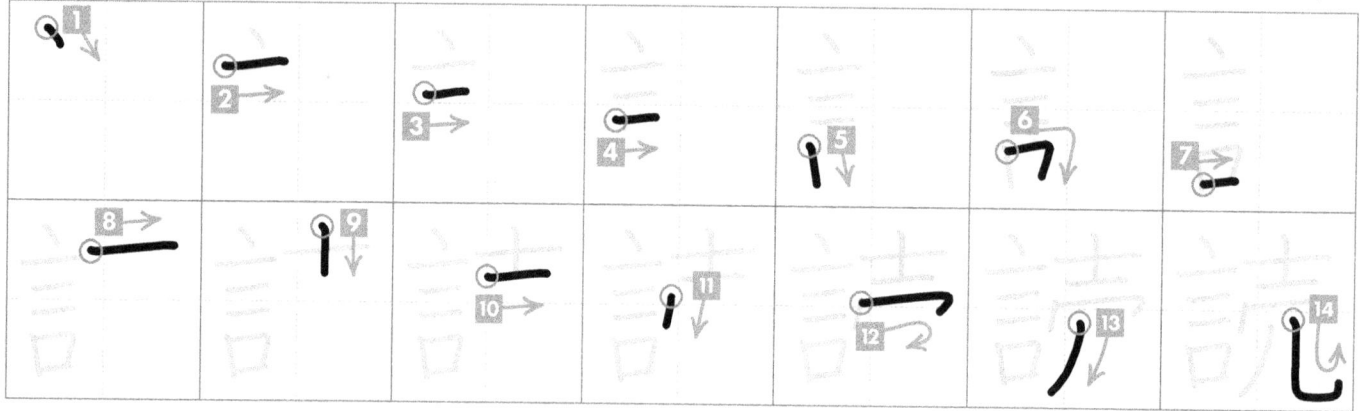

PRATICA

Traccia e pratica il Kanji qui sotto

STILI   読 読 読 読 読 読 読 読

KANJI #	RADICALE	TRATTI	SIGNIFICATO	UNICODE
0760	又	4	**Amico**	**53CB**

ONYOMI

ユウ
yuu

KUNYOMI

とも
tomo

VOCABOLARIO

友好 (ゆうこう)　Amicizia
友愛 (ゆうあい)　Fratellanza
友邦 (ゆうほう)　Nazione alleata

親友 (しんゆう)　Amico vicino
学友 (がくゆう)　Amico di scuola
校友 (こうゆう)　Compagno di scuola

ORDINE DEI TRATTI

Come viene disegnato questo Kanji

PRATICA

Traccia e pratica il Kanji qui sotto

STILI　友　友　友　友　友　友　友　友

KANJI #	RADICALE	TRATTI	SIGNIFICATO		UNICODE
0081	工	5	**Sinistra**		**5DE6**

ONYOMI

サ、シャ

sa, sha

KUNYOMI

ひだり

hidari

VOCABOLARIO

左右 (さゆう)	Sinistra e destra	上左 (うえひだり)	In alto a sinistra
左手 (ひだりて)	Mano sinistra	下左 (したひだり)	In basso a sinistra
左腕 (さわん)	Braccio sinistro	極左 (きょくさ)	Estrema sinistra

ORDINE DEI TRATTI

Come viene disegnato questo Kanji

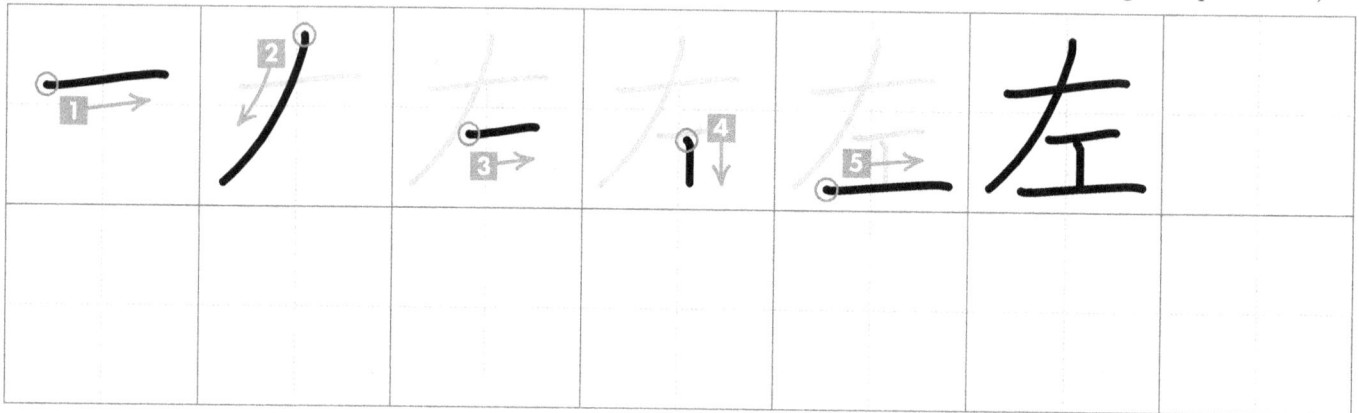

PRATICA

Traccia e pratica il Kanji qui sotto

STILI 左 左 左 左 左 左 左 左

KANJI #	RADICALE	TRATTI	SIGNIFICATO	UNICODE
1038	人	6	**Riposo, giorno libero, pensione, dormire**	4F11

ONYOMI

キュウ

kyuu

KUNYOMI

やす(む)

yasu(mu)

VOCABOLARIO

休む (やす)	Essere assente	連休 (れんきゅう)	Ferie consecutive
休日 (きゅうじつ)	Festa; giorno libero	週休 (しゅうきゅう)	Settimana di festa
休止 (きゅうし)	Pausa; cessazione	運休 (うんきゅう)	Servizio sospeso

ORDINE DEI TRATTI

Come viene disegnato questo Kanji

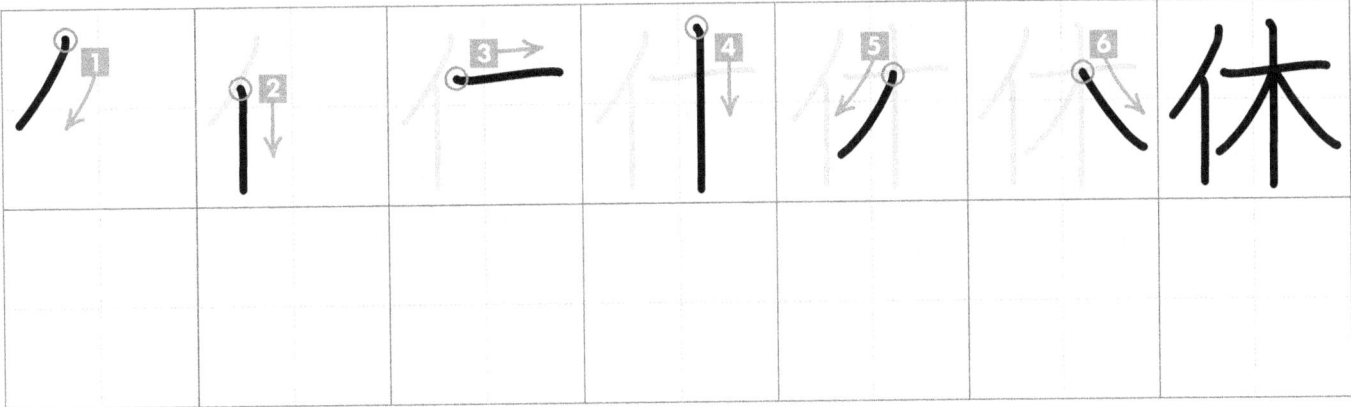

PRATICA

Traccia e pratica il Kanji qui sotto

STILI 休 休 休 休 休 休 休 休

KANJI #	RADICALE	TRATTI	SIGNIFICATO	UNICODE
1366	父	4	**padre**	7236

父

ONYOMI

フ
fu

KUNYOMI

ちち、とう
chichi, tou

VOCABOLARIO

父母 (ふぼ)   Padre e madre   祖父 (そふ)   Nonno
父子 (ふし)   Padre e figlio   伯父 (おじ)   Zio
父兄 (ふけい)   Guardiani   親父 (おやじ)   Il proprio padre

ORDINE DEI TRATTI   Come viene disegnato questo Kanji

PRATICA   Traccia e pratica il Kanji qui sotto

STILI   父 父 父 父 父 父 父 父

KANJI #	RADICALE	TRATTI	SIGNIFICATO	UNICODE
0451	雨	8	**Pioggia**	96E8

ONYOMI

ウ

u

KUNYOMI

あめ、あま

ame, ama

VOCABOLARIO

雨天 (うてん)　　**Tempo piovoso**
雨水 (うすい)　　**Acqua piovana**
雨量 (うりょう)　　**Pioggia**

梅雨 (つゆ)　　**Stagione piovosa**
大雨 (おおあめ)　　**Pioggia battente**
時雨 (しぐれ)　　**pioggerella**

ORDINE DEI TRATTI

Come viene disegnato questo Kanji

PRATICA

Traccia e pratica il Kanji qui sotto

STILI　　雨　雨　雨　雨　雨　雨　雨　雨

Parte 4

GENKOUYOUSHI

GENKŌ YŌSHI
PAGINE A GRIGLIA PER
ULTERIORE PRATICA

Parte 5

FLASHCARD

DA FOTOCOPIARE O RITAGLIARE E CONSERVARE

日　丨　画

人　生　禾

禾　二　十

田　水　中

SIGNIFICATO	RADICALE	SIGNIFICATO	RADICALE	SIGNIFICATO	RADICALE
Giorno, sole, Giappone, Contatore per Giorni	日	Persona	人	Uscita, Andare via, Uscire	凵
Uno	一	Libro regalo, Vero, contatore per cilindri lunghi	本	Lungo, Leader, Superiore, anziano	長
Paese	口	Anno, Contatore per anni	年	Dentro, all'interno Nel mezzo, Mezzo, centro	丨
		Esteso, Grande	大	Due, 2	二
				Dieci, 10	十

行	時	三
分	月	兄
生	前	後
上	間	五

Andare, viaggiare, Portare a termine, allineare, riga

RADICALE 行

SIGNIFICATO

Parte, Minuto di tempo, Comprendere

RADICALE 刀

SIGNIFICATO

Vita, Genuino, Nascita

RADICALE 生

SIGNIFICATO

Sopra, su

RADICALE 一

SIGNIFICATO

Tempo, Ora

RADICALE 日

SIGNIFICATO

Mese, Luna

RADICALE 月

SIGNIFICATO

Davanti, Prima

RADICALE 刀

SIGNIFICATO

Intervallo, Spazio

RADICALE 門

SIGNIFICATO

Tre, 3

RADICALE 一

SIGNIFICATO

Vedere, speranze, Opportunità, idea, Opionione, dare un'occhiata

RADICALE 見

SIGNIFICATO

Dietro, Posteriore, più tardi

RADICALE 彳

SIGNIFICATO

Cinque, 5

RADICALE 二

今 曰 无

人 九 金

田 垣 半

人 幼 子

SIGNIFICATO	RADICALE
Ora, Il presente	𠆢

SIGNIFICATO	RADICALE
Entrare, Inserire	入

SIGNIFICATO	RADICALE
Cerchio, yen (unità monetaria giapponese) Rotondo	冂

SIGNIFICATO	RADICALE
Otto, 8	八

SIGNIFICATO	RADICALE
Quattro, 4	囗

SIGNIFICATO	RADICALE
Nove, 9	丿

SIGNIFICATO	RADICALE
Alto, In alto, costoso	高

SIGNIFICATO	RADICALE
Fuori	夕

SIGNIFICATO	RADICALE
est	木

SIGNIFICATO	RADICALE
Oro	金

SIGNIFICATO	RADICALE
Studio, Apprendimento, Scienza	子

SIGNIFICATO	RADICALE
Figlio	子

米	下	六
七	小	長
女	語	日
百	午	北

SIGNIFICATO

Venire, Scadenza, prossimo, Causa, diventare

RADICALE 木

SIGNIFICATO

Sette, 7

RADICALE 一

SIGNIFICATO

Donna, Femmina

RADICALE 女

SIGNIFICATO

Cento

RADICALE 白

SIGNIFICATO

Sotto, Giù, scendere, Dare, abbassare, Inferiore

RADICALE 口

SIGNIFICATO

Piccolo, minuto

RADICALE 小

SIGNIFICATO

Racconto, alto

RADICALE 言

SIGNIFICATO

Mezzogiorno, Segno del cavallo

RADICALE 十

SIGNIFICATO

Sei, 6

RADICALE 八

SIGNIFICATO

Spirito, mente, Aria, atmosfera, Umore

RADICALE 气

SIGNIFICATO

Montagna

RADICALE 山

SIGNIFICATO

Nord

RADICALE 匕

名	先	書
水	千	川
西	男	羊
語	校	電

SIGNIFICATO	RADICALE
Nome, Notato, Distinto, Reputazione	口
Prima, Avanti, precedente, Futuro, Precedenza	儿
scrivere	曰
Acqua	水
Mille	十
Fiume, Flusso	巛
Parola, Discorso, Lingua	言
Ovest	西
Maschio, uomo	田
Metà, nel mezzo, Numero dispari, semi-	十
scuola	木
Elettricità, Elettrico, Alimentato	雨

鼠　禾　土

何　世　金

使　万　坤

申　天　日

SIGNIFICATO	RADICALE
Suolo, Terra, Terreno	土
Albero, Legno	木
Sentire, Ascoltare, chiedere	耳
Cosa	入
Auto, Ruota	車
Mangiare, cibo	食
Ogni	毋
Dieci Mille 10,000	一
Sud	十
Madre	毋
Cieli, Cielo, imperiale	大
Bianco	白

說	右	火
休	左	友
	用	父

SIGNIFICATO **Leggere** RADICALE 言

SIGNIFICATO **Riposo, giorno Libero, pensione, Dormire** RADICALE 亻

SIGNIFICATO **destra** RADICALE 口

SIGNIFICATO **Sinistra** RADICALE 工

SIGNIFICATO **Pioggia** RADICALE 雨

SIGNIFICATO **Fuoco** RADICALE 火

SIGNIFICATO **Amico** RADICALE 又

SIGNIFICATO **padre** RADICALE 父

ありがとう

arigatou

Ringraziamenti

Grazie per aver scelto il nostro libro!

Ora sei sulla buona strada per imparare a leggere, scrivere e parlare Giapponese, e speriamo che il nostro libro di esercizi Kanji ti sia piaciuto.

Se ti sei divertito a imparare con noi, ci piacerebbe molto sapere dei tuoi progressi in una recensione!

Siamo sempre desiderosi di scoprire se c'è qualcosa che possiamo fare per migliorare i nostri libri, per i prossimi studenti. Ci impegniamo a rendere disponibili i migliori contenuti per l'apprendimento delle lingue, quindi ti preghiamo di contattarci via email se hai riscontrato qualche problema con un qualsiasi contenuto del libro:

hello@polyscholar.com

Vuoi altre pagine per fare pratica? Scansiona il codice QR o visita https://amzn.to/3LO60sc per comprare un taccuino

POLYSCHOLAR

www.polyscholar.com